U0554964

苏州草鞋山遗址

出土文物

苏州市考古研究所
南京博物院
苏州博物馆
吴中博物馆

编著

文物出版社

图书在版编目（CIP）数据

苏州草鞋山遗址出土文物 / 苏州市考古研究所等编著. -- 北京 : 文物出版社，2023.6
ISBN 978-7-5010-8055-7

Ⅰ. ①苏… Ⅱ. ①苏… Ⅲ. ①文化遗址－出土文物－苏州－图录 Ⅳ. ①K878.02

中国国家版本馆CIP数据核字（2023）第088305号

苏州草鞋山遗址出土文物

编　　著：苏州市考古研究所
　　　　　南京博物院
　　　　　苏州博物馆
　　　　　吴中博物馆

责任编辑：黄　曲
责任印制：张　丽
出版发行：文物出版社
社　　址：北京市东城区东直门内北小街2号楼
网　　址：http://www.wenwu.com
经　　销：新华书店
印　　刷：北京雅昌艺术印刷有限公司
开　　本：889mm×1194mm　1/16
印　　张：26.25
版　　次：2023年6月第1版
印　　次：2023年6月第1次印刷
书　　号：ISBN 978-7-5010-8055-7
定　　价：580.00元

Unearthed Relics from Archaeological Site of Caoxieshan, Suzhou

by

Suzhou Academy of Archaeology

Nanjing Museum

Suzhou Museum

Museum of Wu

Cultural Relics Press

《苏州地域文明探源丛书》编纂委员会

《苏州地域文明探源丛书》总序

中华文明源远流长，博大精深，独特而辉煌，为人类文明的进步作出了重大贡献。苏州是首批国家历史文化名城，也是长江中下游地区人类文明的重要起源地和吴文化的发祥地，有着悠久的历史和灿烂的文化，是中华文明的重要组成部分。早在1万多年前，先民们就在这里辛勤劳作，繁衍生息。始建于周敬王六年（公元前514年）的苏州古城，至今已有2500余年的历史，底蕴厚重，遗存丰富，堪与北京、西安等古都媲美。

党的十八大以来，习近平总书记站在实现中华民族伟大复兴的战略高度，就考古工作和中华文明探源工程多次发表重要讲话和指示批示，为建设新时代中国特色、中国风格、中国气派的考古学指明了方向。苏州市委、市政府高度重视考古工作，多年来，以基本建设考古和文明探源研究并重，取得了一系列重要成果。2009年以来全市共开展104项考古发掘项目，出土各类文物标本数万件，“赵陵山遗址”“苏州木渎古城遗址”“太仓樊村泾元代遗址”“张家港黄泗浦遗址”等4个考古项目荣获全国“十大考古新发现”。草鞋山遗址被考古界称为“江南史前文化标尺”，考古遗址公园核心区建成开放。木渎古城被认定为春秋时期吴国都邑性质的大型城址。黄泗浦遗址实证鉴真东渡启航地，入选国家文物局“十四五”时期大遗址名单。

为了深入推进苏州考古工作，2022年11月，苏州市委、市政府发布了《苏州地域文明探源工程实施意见》，确立了指导思想和工作原则，确定了“太湖流域文明”“史前文明发展历程”“吴文化探源”“苏州古城研究”“苏州地域人口迁徙和文化交流”等重点研究项目，成立了由市委书记任第一组长、市长任组长的领导小组，强化苏州地域文明探源组织保障。同月，苏州市正式启动“苏州地域文明探源工程”，成为国内首个实施文明探源工程的地级市，以此为起点，不断加强考古能力和学科建设，持续推进考古管理体制改革，多学科、多角度、多层次、全方位联合攻关，深入开展苏州地域文明文献研究与考古发掘，探索地域文明起源和脉络，填补历史研究缺环，以丰硕的考古成果和学术研究成果，为中华文明探源作出苏州贡献。

为了配合“苏州地域文明探源工程”的深入推进，系统整理文献资料，及时公布考古成果，在草鞋山遗址考古发掘50周年之际，我们策划了《苏州地域文明探源丛书》。丛书分为研究专著、资料汇编、文物图录、发掘报告四大类别，内容涵盖苏州史前文明、吴文化探源、苏州古城研究、苏州地域人口变迁与文化交流等方面。希望本丛书能够成为一座跨越历史长河的时空桥梁，让更多人了解苏州作为吴文化发源地和江南文化核心城市的丰富内涵，展现苏州地域文明的发展脉络，以及对中华文明的突出贡献，增强历史自觉和文化自信，推动苏州文化再创新的辉煌。

《苏州地域文明探源丛书》编纂委员会

2023年5月

《苏州地域文明探源丛书》出版委员会

《苏州草鞋山遗址出土文物》

主　编

韩卫兵

副主编

陈瑞近

执行主编

程　义

协　调

王奇志　盛之翰　谢晓婷　陈曾路

统　稿

王　霞　孙明利

资料整理

张长东　吴　彤　钱莺歌　姚晨辰　龚依冰　宁镇南　郭笑微

摄　影

王　磊　刘　振　刘悉瑞

编辑说明

1. 本书收录器物为2008年之前草鞋山遗址出土文物。
2. 所收录器物仅限于目前可调取、拍摄之较完整文物，无法修复者暂不收入。
3. 出土文物按相对年代为序排列。
4. 同一时代文物按玉器、石器、陶器、原始瓷器及其他类为序排列。
5. 相同材质文物首先按照器类，然后按照先墓葬后地层单位排列，再将相同遗迹单位文物按照编号顺序排列。
6. 为保证资料的可追溯性，除出土标本号外，部分馆藏号酌情保留，馆藏编号器物置于各时段同类器最后。WCT203M198、WCT203M199、WCT203M200发掘时编作三座墓，但根据人骨残迹看，应为同一座墓，即WCM198。此前分别归属三墓的器物实际应是WCM198的三组随葬器物。而书中M199和WCM199编号开头的器物，应为征集器物。
7. 器物名称遵从学术界通用定名，部分特殊形制器物采用初始定名。

目　录

前 言

位于长江三角洲的太湖平原地势低平，水网密布，其上星散着一个个土墩，在城镇和乡村周边尤为密集，其数量之多，从虎丘千墩坟、昆山千墩镇等地名上可见一斑。这些土墩多是人工堆筑，少量位于山顶或山脊上，平面多为椭圆形，内有石室，像极馒头。更多的是平地而起，或高或矮，或方或长，极少圆形，其上多栽桑种树。20世纪六七十年代，美国corona卫星拍摄过一批高分辨率影像，从这批早期图像上可以清晰地看到当时土墩分布的情形。不过，在经历了城市化进程、大规模基本设施建设、土地利用转型等破坏之后，大量土墩遗迹或遗址已经不复存在，后来再高清的遥感影像上也难觅这些土墩的印记。太湖平原本就低平少山，这些土墩显得高大而突兀，当地人往往称之为山，如赵陵山、张陵山、绰墩山等。由于地势高爽，很多土墩或建宅居住，或辟做墓地，或筹建寺庙供当地民众祈求平安，许愿还愿。剩下的土墩寂寂无闻，人们习以为常。

草鞋山是其中一座高10米左右的土墩，位于苏州城东北的唯亭镇，其东南另有一座土墩，比草鞋山稍小一点，但是高一些，叫作夷陵山。清代沈藻之《元和唯亭志》记载，草鞋山因“形如草履”而得名，夷陵山则因“相传为吴王夷昧墓”而得名。关于草鞋山，当地曾经流传一首民谣，“苏州城外草鞋山，山上有只玉草鞋，福佑人间通苍天，要能得到胜神仙”，给草鞋山带来些许神秘色彩。夷陵山南侧有重元寺，相传始建于南朝梁武帝时期，内有楼阁，于唐为胜。韦应物任苏州刺史时，曾拜寺登阁，留下《登重元寺阁》的诗句。寺前原有经幢一座，上有“唐会昌三年……造佛顶尊胜陀罗尼幢一躯”字样，后寺庙被毁，经幢再无影踪。

1956年11月，江苏省文物管理委员会委派时任南京博物院考古部主任的赵青芳来苏州开展文物普查，他在调查夷陵山的时候，发现了一路之隔的草鞋山。当年赵青芳从苏州先坐早晨的常沪列车到唯亭，再从唯亭火车站步行约1.5公里到夷陵山，本就人生地不熟，又忘记携带介绍信，当地有关部门没有接待，他也只能草草查看后乘车返回。这次调查被赵青芳记录在日记中[①]，并在汇报中将遗址称为陵南村遗址。后来，南京博物院又分别于1957年夏、1960年冬对遗址进行了两次调查，并将遗址称为夷陵山和草鞋山两个遗址，还绘制了地形图[②]。

---

① 南京博物馆编：《赵青芳文集（考古日记卷）》，第103页，文物出版社，2012年。

② 人俊：《吴县发现新石器时代遗址》，《文物参考资料》1957年第3期。罗宗真：《苏州市和吴县新石器时代遗址调查》，《考古》1961年第3期。

图 1　1973 年发掘场景

图 2　1973 年发掘人员在绘图

在科学考古发掘之前，草鞋山曾两次出土过玉器。1930 年至 1937 年间，江苏省政府在唯亭镇陵北村建设“模范新村”。1936 年春在草鞋山东南部开辟操场时，出土过一批玉器，有璧、琮、镯、管、珠、锥形器、斧（钺）等，后被驻地军官取走，下落不明[①]。1972 年春，唯亭公社砖瓦厂在草鞋山上取土制坯烧砖，在土墩偏北部位的中部、西部发现大量玉器，较大的有琮、璧，较小的则是珠、管、坠等饰件。一部分出土物被吴县文化馆征集和苏州市文物商店征购，另一部分则流散到社会上。虽然没有出土“玉草鞋”，但是对于考古人来说却是非常重要的信息。因为当时在浙江杭州良渚镇一带一直出土此类玉器，却不知道是干什么的，也不知道确切的年代。这次有了明确的出土地点，给了考古发掘证实的契机。

1972 年 9 月，南京博物院派邹厚本去草鞋山做了试掘，试掘面积 34 平方米，发现崧泽文化墓葬 4 座。随后，南京博物院决定对其进行正式发掘。此后的 50 年中，南京博物院、苏州博物馆、苏州市考古研究所等单位陆续进行了多次发掘。

1972 年 10 月至 1973 年 1 月，草鞋山遗址第一次正式发掘，由南京博物院主持，邹厚本、曹者祉、郑金星、李文明、周甲胜组成发掘队，邹厚本任领队，吴县文化馆李伯襄一起参加。此次发掘面积 550 平方米，发现了三种古代文化的地层叠压关系，以及新石器时代早期的墓葬群、居住址及众多的遗物，其中三足壶形器、灰陶兽形器等造型独特。发掘收获由曹者祉撰文在《光明日报》上作了报道[②]。

值得一提的是，由于当时马家浜文化尚未命名，崧泽文化更没有从马家浜文化中剥离出来[③]，所以在这一次的发掘中，只是确认了上层为以几何印纹陶为特征的吴越文化，中层为新石器时代晚期的良渚文化，下层为“青莲岗文化”遗存，把崧泽文化和马家浜文化时期遗存都认为是“青莲岗文化”，将 74 座墓葬分为了早、晚两期，其实就是马家浜和崧泽两个时期。

---

① 南京博物院：《苏州草鞋山良渚文化墓葬》，《东方文明之光——良渚文化发现 60 周年纪念文集》，海南国际新闻出版中心，1996 年。

② 吴文信：《吴县草鞋山遗址的发掘》，《光明日报》1973 年 6 月 6 日第 3 版。

③ 马家浜文化是在 1977 年 11 月南京召开的“长江下游新石器时代学术讨论会”上正式定名，崧泽文化则是在 1982 年中国考古学会年会上正式定名。

图 3　草鞋山全景（1973 年 6 月 30 日拍摄）

图 4　1993 年中日考古队员合影

1973 年 4 月至 7 月，南京博物院主持第二次发掘，由汪遵国、曹者祉、李文明组成发掘队，汪遵国任领队，当地吴县文教局叶玉琪、唯亭文化站姚勤德参加，南京大学历史系考古教研室教师蒋赞初、赵午超、张之恒、洪家义、查瑞珍带领南大 1972 届考古班学生裘士京、李德文、阚绪杭、周金玲、熊承芬作为实习参加发掘，苏州博物馆考古组丁金龙、朱薇君、王嘉明、汪乐英作为学员也参加了发掘。第二次实际发掘 500 平方米（图 1 至图 3）。7 月，正在发掘的 198 号墓发生了塌方，大概有六分之一塌落到 T204 方内，由于探方太深，探方底部又有较深积水，此次发掘就暂告一段落。考古队计划第二年继续发掘，但是第二年在澄湖遗址发现了大批古井，发掘人员转去发掘古井。等发掘完澄湖遗址再回去草鞋山的时候，发掘区已经建起了房子①。草鞋山的这一次发掘就这样结束了。

经过初步整理，这两次发掘成果以《江苏吴县草鞋山遗址》为题发表在《文物资料丛刊》1980 年第 3 辑上②。其中有两项标志性成果后来一直被考古学者屡次提及。一是厚达 11 米的文化堆积层，分为 10 层，从上层吴越文化到良渚文化、崧泽文化，再到下层马家浜文化，叠压关系清楚，遗物遗迹丰富，每一个时期都包含比较丰富或具有代表性的文化遗存，成为太湖地区古代文化序列的一把标尺。第二个成果是 M198 良渚大墓的发现。该墓发现三组器物，璧、琮、钺、镯以及珠、管、锥形器等玉器与鼎、豆、簋、壶、盆等良渚文化陶器共存，确定了这些玉器亦属良渚文化，这一认识被之后的张陵山、寺墩、福泉山、反山、瑶山等发掘一再证实，传统观念中被认作“周汉古玉”的璧、琮等玉器的时空框架得以纠正。这一发现推进了中国玉器时代的研究，进而拉开了对良渚文化时期社会结构、宗教礼仪与文明进程研究的序幕，带动了太湖地区及杭州湾地区的史前考古工作全面开展，将良渚文化考古和研究引向深入。

鲜为人知的是，这两次发掘还进行了当时条件下几乎能做的多学科合作。复旦大学生物系人类学教研室和上海自然博物馆人类组作了人骨鉴定，复旦大学生物

① 据汪遵国先生口述。

② 南京博物院：《江苏吴县草鞋山遗址》，《文物资料丛刊》第 3 辑，文物出版社，1980 年。

系动物学教研室和上海自然博物馆动物组作了兽骨鉴定，同济大学地下建筑工程系采集了孢粉样品，江苏省农业科学院许济用等对出土稻谷进行了鉴定，上海市纺织科学研究院、上海市丝绸工业公司对出土纺织物作了鉴定。出土的良渚文化玉器以及马家浜文化、崧泽文化玉器则由南京地质矿产研究所郑建和北京地质矿产研究所闻广、荆志淳先后多次作了矿物学鉴定[①]。

可能正是基于上述的多学科合作的基础，草鞋山的再一次发掘是以“古稻田研究”课题开展的。在当时，考古发现已经充分证明我国8000至6000年前有比较成熟的稻作农业，长江中下游和黄河中游都发现过人工栽培的稻粒，如湖南澧县彭头山、河南舞阳贾湖、浙江余姚河姆渡、江苏高邮龙虬庄等。然而，仅仅根据人工栽培稻粒所获得的信息，尚无法了解当时稻作文化中诸如耕作方法、稻作规模、生产力水平等关键性问题，那还是需要通过考古发掘来解决。1992年至1995年，中日合作进行草鞋山遗址古稻田研究。田野发掘工作由南京博物院主持，并由南京博物院、苏州博物馆、吴县文管会和江苏省农业科学院等专业人员组成考古队。中方参加人员有邹厚本、谷建祥、李民昌、丁金龙、姚勤德、汤陵华等人，日本方面以宫崎大学农学部藤原宏志教授为首的课题组成员和佐佐木高明、工乐善通、都出比吕志、柳泽一男等先后到现场进行了考察研究（图4）。

此次“古稻田研究”发掘1400平方米，发现了马家浜文化时期的由浅坑、水沟、水口和蓄水井组成的成组遗存，在土壤样品中也检测出大量的水稻植硅石[②]，参与发掘的中日考古学家和农学家一致认为是早期水田状遗迹。在发掘区的东区和西区还确定了两种不同形态的水田结构，东区以水井为水源进行灌溉，西区则以水塘为水源进行灌溉，既可通过水口灌溉，又可排水，比以水井为水源的灌溉系统相对要进步一些[③]（图5）。这次发现的水田结构形态已具有我国历史时期水田结构的雏形，已从原始状态发展到规模经营。另外，农学家对出土炭化稻粒也做了研究，认定该地区古代各时期种植的稻种类型为粳稻[④]。

此次发掘首次发现了人工加工的水田状遗迹，是探索我国早期稻作农业文化的一次突破性进展，对之后的古水田考古具有重大的指导和借鉴意义。在草鞋山后来的多次发掘中，又继续发现并确认了多处水田遗迹，在草鞋山以东的昆山市境内，

---

① 郑建：《江苏吴县新石器时代遗址出土的古玉研究》，《考古学集刊》第3集，中国社会科学出版社，1983年。闻广、荆志淳：《草鞋山玉器地质考古学研究（中国古玉地质考古学研究之五）》，杨建芳师生古玉研究会编著《玉文化论丛2》，文物出版社，2009年。

② 黄翡、王伟铭、李民昌：《苏州草鞋山遗址新石器时代以来的植硅石研究》，《微体古生物学报》1998年第15卷第1期。孙加祥、汤陵华、邹江石：《草鞋山遗址新石器时代稻作初考》，《农业考古》1994年第3期。

③ 谷建祥、邹厚本、李民昌等：《对草鞋山遗址马家浜文化时期稻作农业的初步认识》，《东南文化》1998年第3期。

④ 汤陵华、佐藤洋一郎、宇田津彻朗等：《中国草鞋山遗址古代稻种类型》，《江苏农业学报》1999年第4期。

图5 古水田考古鸟瞰

绰墩[①]、姜里[②]、朱墓村[③]等遗址也都先后发现了不同时期的水田遗迹。

2008年3月，京沪高速铁路苏州段开工建设，规划路线是从原遗址保护范围南侧通过，北距夷陵山土台100米左右，南面紧邻20世纪90年代发现马家浜文化水稻田的区域。鉴于此处实际上仍为草鞋山遗址的范围，且地下可能存在着古水田遗迹，江苏省文物局委托苏州博物馆对其进行了抢救性考古发掘。丁金龙为领队，孙明利、王霞、朱春阳参与了发掘。由于高铁已经开始建设，机械设备都已进场，留给考古队的时间已经不多了。考古队选择了在高铁的桥墩处布方发掘，每个桥墩布探方1个，共布探方5个，发掘面积488.5平方米[④]（图6）。

此次发掘主要发现了马家浜文化时期遗存，包括墓葬、房址、灶坑、水稻田、灰坑等，良渚文化时期遗存仅在T0427中局部出现，马桥文化灰坑有零星分布。出土的11座墓葬均为马家浜文化时期，墓主俯身直肢，随葬品陶钵倒扣在墓主人脸上或者垫在头下，具有鲜明的马家浜文化丧葬特点。在一个马家浜文化时期的灰坑里，还出土一个完整的龟壳。在探方的部分生土层上发现了大小不一的水稻田30块，以及与水稻田相关的蓄水坑、水口等设施。水稻田多浅坑，填土灰黑色，夹杂有星点状黄绿色斑点。从水稻田的清理来看，水稻田还存在一个由小变大、由单个到多个逐渐联合，形成一个更大范围水稻田的发展过程。在此次探方分布的近300米范围内都有水稻田遗迹分布，充分表明草鞋山的水稻种植面积在马家浜时期已十分可观。

此次出土的陶釜、陶豆非常有特点。陶釜腹部深长似炮弹，上腹还有一周凸起腰檐，方便拿起放下，同时也对器身进行了加固。陶豆豆盘较深，外红内黑，有着高

① 苏州市考古研究所：《昆山绰墩遗址》，文物出版社，2011年。

② 苏州市考古研究所、昆山文物管理所、昆山市张浦镇文化站：《昆山姜里新石器时代遗址2011年发掘简报》，《文物》2013年第1期。

③ 苏州市考古研究所、昆山市文物管理所：《江苏昆山朱墓村遗址发掘简报》，《东南文化》2014年第2期。

④ 苏州博物馆：《苏州草鞋山遗址抢救性考古发掘简报》，见南京博物院编著《穿越长三角——京沪、沪宁高铁江苏段考古发掘报告》，科学出版社，2013年。

图 6　2008 年发掘场景

图 7　夷陵山（2008 年拍摄）

喇叭状圈足，圈足上往往有圆孔，可能用于穿绳悬挂。在东周地层内还出土了一把木浆，保存相当完好。

2009 年 9 月，夷陵河驳岸进行改造，涉及遗址东缘，刚成立不久的苏州市考古研究所进行了抢救性发掘，领队为丁金龙，参加人员有孙明利、王霞、钱松甫、崔宋焕等。此次发掘面积 300 平方米左右，发掘墓葬 20 座、房址 1 座、灰坑 22 个、水井 17 口，出土文物 200 余件。发现一处人工堆筑的台地，边长 15 米左右，基本呈正方形。在台地上发现 16 座竖穴土坑墓，墓主头向多数朝南，随葬器物多放置在头部与脚部，主要为陶器，多灰陶和黑皮陶，器形有鼎、釜、罐、豆、壶、盆、甑、盘、缸、杯等，另有一些较为少见的器物，如彩绘陶豆、勺形器、碟形器①以及几何纹扁壶等。石器有钺、斧等，M5 出土一件石钺，通体磨制光滑，器身极薄，显示了高超的磨制技术。这批墓葬年代为崧泽文化晚期，随葬品最多有 22 件器物，多数为 10 件以下，有的无随葬品，表明崧泽文化晚期已经出现了明显的社会分化。

2012 年 1 月至 3 月，为配合《草鞋山遗址保护规划》的编制，南京博物院对遗址进行了调查、勘探与小规模的试掘工作。领队为马永强，工作人员有周恒明、赵璋、刘福刚、刘乃良等人。发掘地点位于阳澄湖大道以北区域，且探方比较分散，合计发掘面积为 150 平方米。这个区域遗迹单位相对较少，其中西半部未发现早期文化堆积，多为宋代以后的晚期堆积，推测为宋代以来的生活聚居区；东部区域局部存在新石器时期文化堆积。共发掘灰坑 6 个、水井 5 口，其中 J5 年代为春秋战国时期，其余水井年代为宋代。出土器物 10 余件，主要为陶器，有罐、豆、碗、盘、盅等。此次发掘对草鞋山北侧区域的文化堆积有了基本的了解和认识，为遗址保护规划提供了重要参考。

2020 年 9 月至 2021 年 4 月，配合 312 国道苏州东段改扩建工程，苏州市考古研究所在阳澄湖大道进行了考古发掘，该区域为遗址的建控地带。领队为王霞，参加人员有孙明利、周官清、钱海江、张波等，南京大学庄雨、赵菁蕙、程依婷和辽宁大学徐辰熠等学生参加了发掘。受道路交通导改及地下管线影响，此次发掘在道

---

① 孙明利：《草鞋山遗址崧泽文化墓地的发现及 M16 出土“碟形器”功能探讨》，《苏州文博论丛》第 1 辑，文物出版社，2010 年。

路上错位布方，共布17个探方，发掘面积1500平方米。

发掘区东部探方文化层堆积保存较好，主要为马家浜文化时期和宋代，共清理各类遗迹单位466处，出土遗物154件组。马家浜文化时期的遗迹229个，主要为水稻田、柱洞、灰坑等遗迹，另有4座墓葬。出土了少量马桥文化时期的遗迹单位，有灰坑、水井和柱洞，以灰坑为主。出土器物中，以马家浜文化的圜底釜、牛鼻耳四系罐以及马桥文化的凹圜底罐为代表。

此次发掘进行了精确的高程测量，发现马家浜文化时期柱洞、灰坑等生活类遗迹所处生土面均要高于水稻田所处生土面。显然，草鞋山遗址在马家浜文化时期的聚落格局总体是利用天然地势，高地作为生活区，低洼地作为生产种植区，因地制宜交错分布。

2019年以来，苏州工业园区管委会持续推动草鞋山考古遗址公园的规划与建设，聘请中国社会科学院学部委员（院士）、历史学部主任，中国考古学会理事长王巍任首席专家，并邀请苏州市考古研究所开展相关工作进行支撑。2021年5月，举办“启幕江南——草鞋山遗址与环太湖地区史前文明展暨长三角古代文明论坛”，同年10月又成功举办“草鞋山遗址保护学术交流会”，与会专家一致认为草鞋山是一处重要的大型史前中心聚落遗址。苏州工业园区在遗址进行了环境整治、展厅建设、文化公园建设等工作，初步建成集合时空之门、主题展、考古现场展示、考古工作站等功能空间的考古遗址公园，并于2022年6月28日正式开园。开园以来，全新打造草鞋山文化大讲堂、沉浸式考古研学、征文绘画大赛、丰收嘉年华、文物会说话等品牌宣传活动，逐步成为探源江南文明的首选地，展示文旅融合的“金名片”。2022年底，草鞋山考古遗址公园入选第四批国家考古遗址公园立项名单，开启了遗址公园建设的第二阶段。遗址公园的建设开放标志着草鞋山遗址保护利用工作迈出了历史性的一步，草鞋山遗址及其地下埋藏的珍贵文物也将真正走进公众视野，真正活了起来。与此同时，草鞋山遗址考古工作也由早年被动地抢救性考古发掘和配合基本建设发掘向积极的主动性考古发掘转变。苏州市考古研究所制订了具有前瞻性的工作规划，以保护为前提，以遗址的横向布局和纵向变迁为工作目标，申请主动性考古发掘，加强多学科合作，稳步推进发掘、保护、展示、研究工作。目前，围绕夷陵山（图7）、古水田、早期环境等主动性考古发掘工作，已取得初步成果。

2022年11月，苏州地域文明探源工程正式启动，并将草鞋山遗址作为重点工作之一，开展早期社会复杂化进程研究、环境考古、生业经济研究、手工业研究等，进一步探讨环太湖地区社会复杂化进程开始的模式与机制，进一步认识稻作农业在东亚地区的扩散与传播过程，进一步揭示苏州地区史前手工业生产水平、社会组织结构及文化协同模式，为探索环太湖地区文明起源、发展与融合进程提供重要资料。

2023年是草鞋山遗址考古首次发掘的50周年，苏州市考古研究所也开启了对遗址的第八次发掘。50年前，草鞋山首次发掘石破天惊，出道即巅峰。50年后，草鞋山由一个传说中有着“玉草鞋”的土墩成为一个出土玉礼器的土筑“金字塔”，由一个江南人习见的土墩成为大众眼中的考古圣地，由一个十余米高的土墩成为显现6000多年历史的“江南文化标尺”。这其中几代江苏考古人均贡献了自己的力量。

由于种种原因，草鞋山早年考古发掘资料未能整理并完整发表，导致学界对草鞋山遗址的认识一直停留在简报的描述上，而对诸如马家浜时期房屋的结构与布局，窖穴的形制与功能，东周时期的瓮棺葬等课题，则无法进行深入研究。学界对于草鞋山早期遗存的认识，经历了从青莲岗文化到马家浜类型再到马家浜文化的过程，遗憾地与“草鞋山文化”的命名失之交臂。2019年以来，苏州市考古研究所、苏州博物馆等单位重启了虎丘黑松林墓地、草鞋山遗址等早年考古资料的整理工作。目前《虎丘黑松林墓地》发掘报告已于2022年由文物出版社出版。草鞋山遗址2008年、2009年的发掘资料尚在整理中，而20世纪70年代的发掘资料由于时间过久、原始档案丢失等原因几无发表的可能。所以，在草鞋山遗址发掘50周年到来之际，我们决定将历年尤其是20世纪70年代出土文物集中出版，弥补报告缺失所带来的遗憾，同时也是对特定时期考古学发展历程的一个纪念。

由于草鞋山经历了多次发掘，主持、参与单位较多，出土文物分别收藏在多家文博单位。其中，2008年之前发掘出土文物分别收藏在南京博物院、苏州博物馆、吴中博物馆。2009年以后发掘出土文物收藏在苏州市考古研究所。经不完全统计，草鞋山历年出土文物约1760件，其中南京博物院850件、苏州博物馆120件、吴文化博物馆220件、苏州市考古研究所570件。这次由苏州市考古研究所牵头，联合各家收藏单位将2008年前草鞋山遗址出土文物近600件进行出版。这是草鞋山出土文物的首次集中亮相，它们曾经聚集在草鞋山，后来星散各地，如今它们又得以重聚，期待给大家带来一场文物盛宴。

孙明利

2023年4月

马家浜文化遗物

MA
JIA
BANG

玉玦 WCM38：4

高 1.1、直径 1.4、孔径 0.5、缺宽 0.3 厘米

现藏南京博物院

土黄色。圆筒状，断面呈椭圆形，中穿孔。

玉玦 WCM42 ： 4
直径 7、孔径 4.3、肉宽 1.1、缺最宽可达 1.3 厘米
现藏南京博物院

白色。扁圆形，中穿圆孔，缺较宽。制作精细。

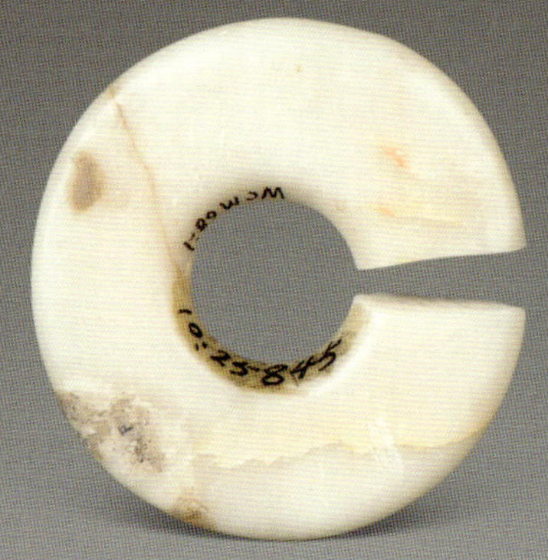

玉玦 WCM68 ： 1
直径 4.4、孔径 1.4、厚 1、缺宽 0.4 厘米
现藏南京博物院

青白色。扁圆形，中穿圆孔。制作较精细。

玉玦 WCM152 : 1

直径 4.7、孔径 2.5、缺宽 0.3 厘米

现藏南京博物院

玉质坚致，半透明，淡红色。扁圆形，中穿圆孔。制作较精细。

玉玦 WCM174 : 3

直径 3.9、孔径 0.9、厚 1.1、肉宽 3.4、缺宽 0.25 厘米

现藏南京博物院

青白色，半透明。器断面为椭圆形，圆孔直口，孔小于玦身。

玉玦 WCM181 : 2

直径 5.7、孔径 3.1、厚 1、缺宽 0.2 厘米

现藏南京博物院

乳白色。扁圆形，玦身正、背均为平面，中穿圆孔。琢磨较精。

玉玦

WCM186 ：3
直径 3.8、孔径 1.3、厚 0.6、缺宽 0.25 厘米
现藏南京博物院

青白色，内含黑色杂质。扁圆形，中穿圆孔。琢磨较精。

玉玦

WCT102
肉宽 1.5、厚 0.6 厘米
现藏吴中博物馆

青白色，透明。一面平，另一面弧凸。出土时已断为两节。

玉玦

T103 ：14
直径 2.5、孔径 1.2、厚 2、缺宽 0.2 厘米
现藏南京博物院

灰黄色。玦形类似算盘珠状。身稍高，正、背均为平面，周呈弧状，双面对钻孔，身一侧切割开口。

玉玦 T201 ： 28
直径 3.7、孔径 1.4、厚 0.5 厘米
现藏南京博物院

青白色，半透明。圆环形，正、背均为平面，中孔双面对钻，身一侧切割开口。琢磨较精。

玉玦 WCT302 ： 01
直径 6.3、孔径 4.4、肉宽 0.9、缺宽 0.3 厘米
现藏南京博物院

白色。圆环形，一面平面，另一面为圆弧形，中孔双面对钻。琢磨较精。

玉玦 WCT604 ： 27
直径 3、厚 0.5、缺宽 0.35 厘米
现藏南京博物院

橙黄色，透明。体扁，呈圆形，中穿孔偏离中心，为双面对钻，缺口较宽、较长。

玉玦 WCT703 ： 12
直径 5.5、孔径 2.6、厚 0.5、缺宽 0.2 厘米
现藏南京博物院

灰黄色，半透明。扁圆形，中孔双面对钻，身一侧切割开口。断为两半，在内壁和外壁各打一组相连的孔。

玉玦

WCT703：14
直径3.6、孔径1.3、厚0.4、缺宽0.3厘米
现藏南京博物院

青白色，半透明。体扁，一面为平面，另一面略呈圆弧形，中孔为双面对钻，身一侧切割开口。器形规整，琢磨精工。

玉玦

WCT704⑤
直径5.4、孔径2、厚0.9厘米
现藏苏州博物馆

白中微黄，略有斑点。扁平环状，玦口断面不齐，截面略呈椭圆形。

玉玦 WCT704：01
高 1.5、直径 1.2 厘米
现藏南京博物院

鸡骨白色，失透。圆筒状，下端为平面，上端为斜面，中穿一孔，为单面钻，身一侧切割开口。

玉玦 WCT704：02
高 2、直径 1.5 厘米
现藏南京博物院

黄白色，半透明。圆筒状，上、下为平面，中穿一孔，为单面钻，身一侧切割开口。器形不规整，琢磨较精。

玉环 WCM152：15
直径 4.5、孔径 3.5、肉宽 0.5、厚 0.5 厘米
现藏南京博物院

青玉，表面已沁蚀。内、外端面各有一段呈台阶形，两平面也各有一处凹槽。

玉坠饰

WCM186 ：5/2
高 2.3、残宽 2.6 厘米
现藏南京博物院

米黄色。器呈心形，一角已缺，有一穿孔。

穿孔石斧

WCT703 ③
长 11、宽 5.8、厚 2.5 厘米
现藏苏州博物馆

灰岩，磨制。圆长条形，中部有一对钻圆孔，双面刃。

穿孔石斧

1899
长 11.5、宽 8.3 厘米
现藏吴中博物馆

灰黄色。平面近似梯形，中部较厚，顶边弧形，侧边斜直，刃部弧凸，中上部有一大穿孔，孔中有对钻台痕，四边有较明显的磨制痕线。

穿孔石斧

1901
残长 11.2、宽 9.8 厘米
现藏吴中博物馆

灰白色，杂有斑纹，器表磨光。器体扁厚，略呈梯形，上部残缺，中上部对钻穿孔仅存半弧，下部较宽，弧刃。

穿孔石斧

1912

①长 9、宽 5.2 厘米，②长 8.6、宽 6.3 厘米，③长 12、宽 7.8 厘米

现藏吴中博物馆

3 件，大小不一，器形相近。器体扁厚，平面均呈梯形，上部稍窄，顶边平直或斜平，中上部有一对钻穿孔，其中一件孔径较大，三件均弧刃。

穿孔石斧

1947
长 11.2、宽 8.1、厚 1.8 厘米
现藏吴中博物馆

灰色，通体磨光。平面近长方形，平顶直边，弧刃，中上部有一对钻圆孔。

石玦

WCT102 ∶ 2
残径 4.3、宽 0.9 厘米
现藏南京博物院

肉色。约为原玦的一半，器形规整，琢磨精致。

石纺轮

1971
直径 5.5、孔径 0.7、厚 1.0 厘米
现藏吴中博物馆

紫褐色，杂花白斑纹。圆饼形，中心有一对钻孔。

陶釜 WCM20 ：6
口径 13、腰檐径 16、高 14 厘米
现藏南京博物院

夹砂红褐陶。直口，直腹，平底。沿下饰两个对称的鋬手，鋬手下饰一周宽腰檐，腰檐边缘修饰成花边状。

陶釜 WCM22：1
口径 23、腰檐径 26、高 25.5 厘米
现藏南京博物院

夹砂灰褐陶。方圆唇，斜直腹，圜底。沿下饰两个对称的鋬手，鋬手下饰一周宽腰檐，腰檐边缘修饰成花边状。

陶釜

WCM124 ：2

口径 25、腰檐径 33、高 22.5 厘米

现藏南京博物院

夹砂灰褐陶。宽沿外撇，圆腹，圜底。沿下饰两个对称的鋬手，鋬手下饰一周腰檐，腰檐边缘修饰成花边状。

陶釜 WCM125 ∶ 2
口径 22、高 26.2 厘米
现藏吴中博物馆

夹砂红陶。侈口，圆唇，直腹，圜底。沿下饰两个对称的鋬手，鋬手下饰一周腰檐，腰檐边缘修饰成花边状。

陶釜 WCM129 ∶ 2

口径 19.5、腰檐径 23、高 15.5 厘米

现藏南京博物院

夹砂灰褐陶。直口，直腹，平底。沿下饰两个对称的鋬手，鋬手下饰一周腰檐，腰檐边缘修饰成花边状。

陶釜 WCM134 ∶ 2
口径 15.1、高 20.1 厘米
现藏苏州博物馆

夹砂红褐陶。直口，矮颈，上腹壁陡直，下腹斜收，圜底。沿下饰两个对称的錾手，錾手下饰一周腰檐，腰檐边缘修饰成花边状。

陶釜 WCM156：1
口径 19.5、腰檐径 22、高 27 厘米
现藏南京博物院

夹砂褐陶。侈口，腹部较深，圜底。沿下饰两个对称的鋬手，鋬手下饰一周宽腰檐。

陶釜

WCT201 ： 26
口径 25.5、腰檐径 28、高 22 厘米
现藏南京博物院

夹砂灰褐陶。宽沿外撇，深腹，圜底近平。沿下饰两个对称的鋬手，鋬手下饰一周腰檐，腰檐边缘修饰成花边状，鋬和腰檐均略上翘。

陶釜

WCT209
口径 18.8、高 18.9 厘米
现藏南京博物院

夹砂红陶，局部呈黑色。敞口，弧腹，圜底。沿下饰两个对称的鋬手，鋬手下饰一周腰檐，腰檐边缘修饰成花边状。

陶釜

92WCT0406⑤：12
口径 15.5、腹径 19、高 28 厘米
现藏南京博物院

夹砂红陶。直口外敞，深直腹，圜底。颈部有一周腰檐。

陶鼎

WCM20 ： 4
口径 16.7、高 11 厘米
现藏南京博物院

夹砂灰陶，内部可见少量红色陶衣。侈口，束颈，垂腹，三扁状足残。

陶鼎 M138：1
口径 28、高 39 厘米
现藏吴中博物馆

夹砂红陶。罐形，敞口，束颈，弧腹，圜底，三窄铲形足。肩上饰两个对称的鋬手，鋬手下饰一周凸脊，边缘修饰成花边状。

陶鼎

M318 ： 1
口径 13、高 19.7 厘米
现藏南京博物院

夹砂红陶。敞口，束颈，弧腹，铲形足，足尖外撇。腹部有一周凸棱，上有两鋬手。

陶鼎

WCT102：19
口径10.2、腹径13.6、高12.6厘米
现藏苏州博物馆

夹砂红陶。敛口，圜鼓腹，上腹部设一周宽檐，下腹渐收，圜底，三柱状高足，饰一条扉棱状附加堆纹。

陶鼎 WCT201⑥：27
口径 11、宽 17.5、高 13 厘米
现藏南京博物院

夹砂红陶。侈口，圆腹，三扁柱状足，腹部一侧有把。

陶鼎

WCT302①：8
口径 11.9、高 20.1 厘米
现藏南京博物院

夹砂红陶，质地粗疏。平折沿，束颈，垂弧腹，圜底，三鱼鳍状扁足。肩上饰四道凹旋纹。

陶鼎 3935
口径 13.6、高 18.4 厘米
现藏吴中博物馆

泥质红陶。敞口，鼓腹，圜底，三圆柱状足。

陶豆

WCM41：1

口径 22、底径 19、高 26 厘米

现藏南京博物院

泥质灰陶。直口微敞，圆唇，斜腹，细高把，喇叭形圈足。

陶豆

WCM42：2
口径 26.6、底径 21、高 20.7 厘米
现藏南京博物院

泥质红陶。侈口，折沿，沿面可见连续的椭圆形凹窝，斜弧腹，喇叭形圈足。

陶豆 WCM67 ：1

口径 27、底径 19、高 21 厘米

现藏南京博物院

泥质灰褐陶，器表红陶衣几乎剥落殆尽。

折沿，浅腹，喇叭形圈足。

陶豆

WCM71 ： 1
口径 23、底径 16.5、高 21 厘米
现藏南京博物院

泥质灰褐陶。折沿，沿面有六个椭圆形凹窝，深腹，喇叭形圈足，圈足上饰圆角长方形镂孔。

陶豆 WCM141 ∶ 1
口径 26、底径 18.5、高 20 厘米
现藏南京博物院

泥质灰褐陶，器表施红色陶衣。敞口，圆唇，斜弧腹，喇叭形圈足。

陶豆 WCM152 ：2
口径 26.9、底径 19.4、高 22.6 厘米
现藏苏州博物馆

泥质红陶。折沿，厚唇，斜弧腹，内弧状细高把柄，喇叭形圈足。盘口内有烟炱痕迹。

陶豆

WCT201 ⑥
口径 27.5、底径 26、高 22 厘米
现藏南京博物院

泥质灰褐陶，器表施红色陶衣。敛口，浅弧腹，喇叭形圈足。

陶豆

WCT302 ①
口径 15、残高 6.5 厘米
现藏南京博物院

泥质红陶。敞口，斜弧腹，下部残。口沿下部一侧有两个圆形镂孔。

陶豆

WCT302 ①
口径 26、底径 19、高 24.5 厘米
现藏南京博物院

泥质灰褐陶，器表施红陶衣。宽沿外撇，斜弧腹，喇叭形高圈足。口沿沿面装饰压印纹。

陶豆

WCT704 ⑤
口径 25、底径 19.5、高 19 厘米
现藏南京博物院

泥质灰褐陶，器表施红色陶衣。敞口，斜弧腹，喇叭形圈足。

陶罐 WCM180 ∶ 3
口径 9.1、底径 8.3、高 9.6 厘米
现藏南京博物院

泥质红陶。敞口，束颈，弧腹，平底。颈腹部有一桥形把手，其上部有一圆形穿孔。

陶罐 WCM201 ∶ 1
口径 11.9、底径 10.2、高 13.2 厘米
现藏南京博物院

泥质红陶。敛口，束颈，弧腹，平底。口颈部有一对对称桥形耳。

陶罐 WCT202⑧：10
口径 5、底径 5.3、高 7.4 厘米
现藏南京博物院

泥质灰陶。直口微侈，束颈，溜肩，圆鼓腹，平底微凹。

陶罐 WCT704⑦：3
口径 9.5、底径 5、高 6 厘米
现藏南京博物院

泥质灰陶。敞口，束颈，圆弧肩，弧腹，平底。口沿上两侧各有两个圆形穿孔。

陶杯

M157：1

口径 6.2、底径 7.2、高 8.4 厘米

现藏吴中博物馆

泥质灰褐陶。造型不甚规整。直口微敛，一桥形耳连接口沿与肩部，弧腹，底略平。

陶杯 WCM188：3
口径 5.5、底径 6.5、高 10.2 厘米
现藏南京博物院

泥质灰褐陶。敛口，弧腹，腹部偏下有一桥形把手，平底。

陶杯 WCT304⑤：26
口径 7、底径 6.2、高 7.8 厘米
现藏南京博物院

夹砂红褐陶。整体器形略倾斜，有不规则凸起。口沿微敞，弧腹，腹部有一桥形把手，平底。

陶钵 WCM33 ： 1
口径 17.4、高 6.3 厘米
现藏苏州博物馆

泥质红陶。敛口，厚唇，斜弧腹，平底。

陶钵 WCM70 ： 1
口径 18.5、底径 8.2、高 6.6 厘米
现藏南京博物院

夹砂红陶。敛口，弧腹，平底。

陶钵 WCM125 ：3
口径 16、高 9 厘米
现藏吴中博物馆

泥质红陶。敛口，弧腹斜收至底，小平底。

陶钵 WCM147 ：1
口径 15.5 ~ 17、高 8 厘米
现藏南京博物院

泥质红陶。敛口，圆唇，弧腹斜收至底，小平底。

陶钵
3643
高 7.8 厘米
现藏吴中博物馆

夹砂红陶，质地疏松。口近直，方唇，弧腹，圜底。

陶盘
WCT704 ⑤
口径 16.2、底径 10.8、高 6 厘米
现藏南京博物院

泥质红陶。直口微敛，弧腹斜收至底，圈足微外撇。圈足上有两个圆形镂孔。

陶盆 WCM64：1
口径 21、底径 8.7、高 7.5 厘米
现藏南京博物院

泥质红陶。直口微敞，弧腹斜收至底，圜底。

陶盆 WCM145 ：2
口径 21.2、高 6.8 厘米
现藏南京博物院

夹砂红陶。敞口，弧腹斜收至底，圜底近平。

陶盆 M163 ：1
口径 19、高 6.5 厘米
现藏吴中博物馆

泥质灰陶，外施红衣。敞口，弧腹，小平底。

陶盆 WCM165 ： 2
口径 20、底径 10、高 6.8 厘米
现藏南京博物院

泥质红陶，外壁及底部大部呈灰黑色。敞口，弧腹斜收至底，平底。

陶盆 WCM176 ： 1
口径 17.8、高 7 厘米
现藏南京博物院

泥质红陶。敞口，弧腹，圜底。

陶盆 M185 ∶ 2
口径 21.3、底径 7.5、高 7.4 厘米
现藏吴中博物馆

泥质红陶。敞口，弧腹斜收至底，圜底略平。

陶盆 WCM188 ∶ 2
口径 21、高 7.3 厘米
现藏吴中博物馆

泥质灰陶。敞口，弧腹斜收至底，圜底略平。

陶盆 WCM189 ∶ 2
口径 18.5、底径 7、高 7.6 厘米
现藏南京博物院

泥质红陶。敞口，弧腹斜收至底，圜底。

陶盆 T1 ∶ 46
口径 26、底径 10.6、高 8.5 厘米
现藏南京博物院

夹砂红褐陶。敞口，弧腹斜收至底，腹两侧各有一鋬手，平底。

陶盆

WCT302 ①：2
口径 19.5、底径 9、高 7.8 厘米
现藏南京博物院

夹砂红陶。敞口，圆唇，弧腹，平底。

陶盆

WCT903 ⑤：17
口径 20.5、高 6.8 厘米
现藏南京博物院

泥质红陶。敞口，浅弧腹，圜底。

陶支座

WCT303
顶径 4.7、底径 8.5、通高 18.5 厘米
现藏南京博物院

泥质红陶。圆锥状，顶部平直。

陶支座

WCT703⑤：14
直径 5.7、长 16.5 厘米
现藏南京博物院

泥质红陶。圆柱状，一端稍大。

陶支座

1963
底径 9.2、高 11.9 厘米
现藏吴中博物馆

泥质红陶。顶面凹陷，中部有一穿孔，底略呈圆形。

SONG ZE

崧泽文化遗物

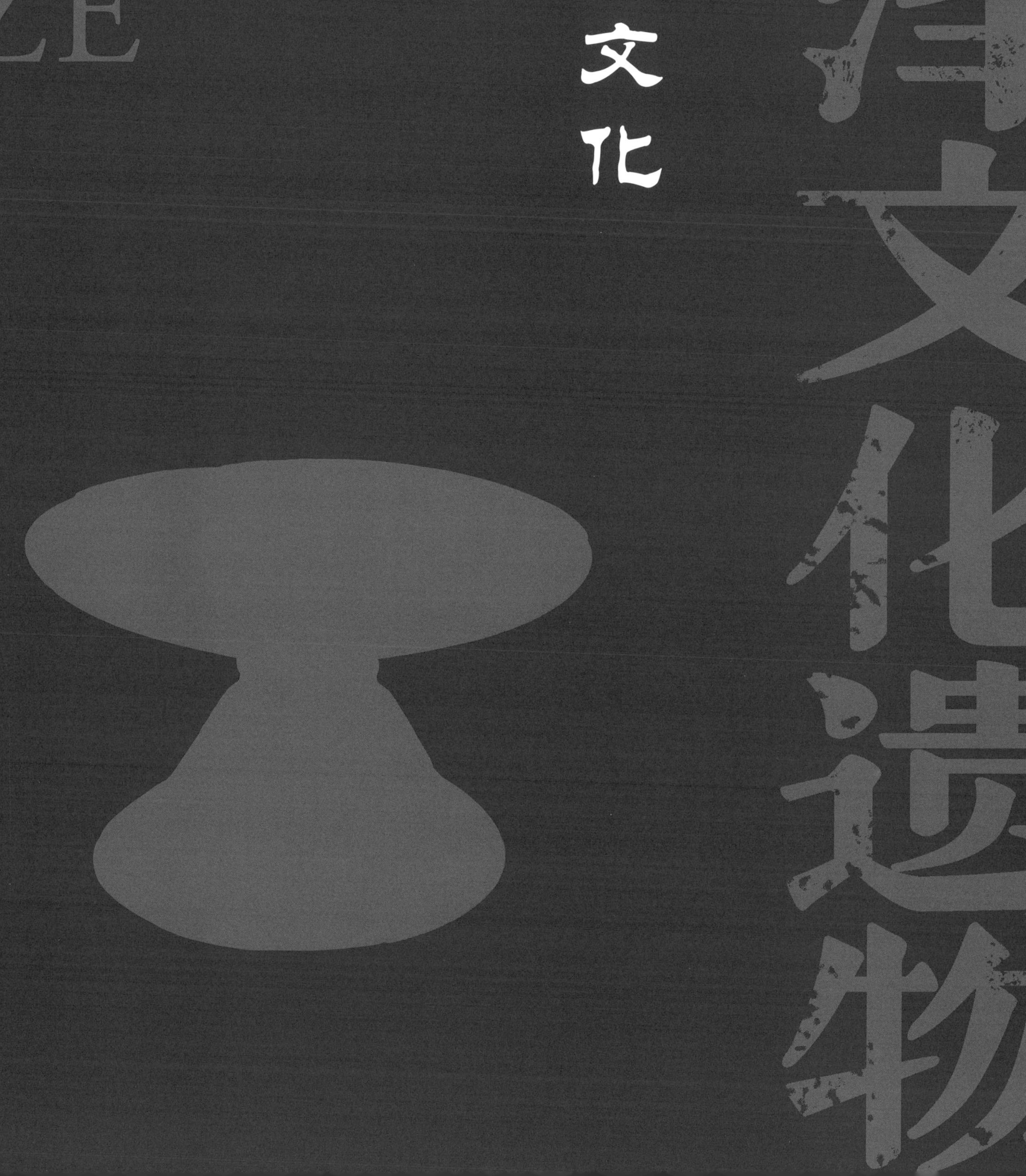

玉钺

WCM28 ： 2
长 13、宽 11、厚 0.6、孔径 1.8 厘米
现藏南京博物院

青玉，有墨绿色及褐色斑纹。体扁，平面呈长方形，双面磨弧刃，刃两端外撇，双面钻两孔，上部一孔被切割仅剩一半，顶被处理成斜边。表面抛光，一面有线切割痕两处，琢磨精致。

玉璜

WCM3 ∶ 7
长 9.4、宽 4.8 厘米
现藏南京博物院

青玉，蚀处泛米黄色。半璧形，身扁平，两端各穿一孔。

玉璜

WCM18 ∶ 4
长 5.7、宽 1 厘米
现藏南京博物院

青白玉，蚀处泛米黄色。环曲状，身扁平，两端各穿一孔。

玉璜

WCM86 ：6
长 12.8、宽 5.9 厘米
现藏南京博物院

青玉，蚀处泛米黄色。半璧形，两端各有一可穿系的小孔，正面为弧凸面，背面为平面。

玉璜

WCM88 ：4
长 9、宽 2.3 厘米
现藏南京博物院

米黄色，蚀处泛黄绿色。长条形，身扁平，两端各穿一孔。一端面有线切割痕迹，另一端还有一缺口的穿孔。

玉璜

WCM95B ：2
长 6.6、宽 2.9 厘米
现藏南京博物院

米黄色，大部分沁蚀为白色。半璧形，身扁平，两端各穿一孔。

玉璜 WCM97：3
长11.5、宽4.5厘米
现藏南京博物院

米黄色，大部分已蚀为黄绿色。半壁形，身扁平，两端各穿一孔。琢磨较精。一面留有较多的弧形线切割痕迹。

玉璜 WCM105 ：2
长 8.4、宽 3.3 厘米
现藏南京博物院

米黄色。折角形，身扁平，两端各穿一孔。琢磨精致。

玉璜 WCM112 ：3
长 7.1、宽 3.1 厘米
现藏南京博物院

浅灰色。半璧形，身扁平，两端各穿一孔。

玉璜 WCM112 ：4
长 7.6、宽 2.2 厘米
现藏南京博物院

米黄色，蚀处泛白。半璧形，身扁平，两端各穿一孔。

玉璜 WCM115 ∶ 16
长 4.1、宽 1.8 厘米
现藏南京博物院

米黄色，大部分蚀为白色。折角形，身扁平，两端各穿一孔。

玉璜 WCT604M03-1
长 12.4、宽 4.4、厚 0.4 厘米
现藏吴中博物馆

淡青色，杂黄褐斑，局部泛灰白沁。半璧形，扁薄，弧背较平直，中部一半圆形对钻大孔，两侧各对钻一小穿孔，小孔上口沿均有穿系使用墨痕，下部边缘较薄。器表琢磨光滑，抛光明亮。

玉镯 WCM87：5
直径 9.5、孔径 5.7、肉宽 1.9、厚 0.4 厘米
现藏南京博物院

青玉，基本上已蚀为米黄色。表面平整，器边较薄。

玉镯 1926
直径 7.2 厘米
现藏吴中博物馆

淡青色，有黄褐色斑块。残缺三分之一，器表琢磨光滑。

玉璧形饰

WCM35 ： 2
直径 3.5、孔径 1.1、肉宽 1.2、厚 0.3 厘米
现藏南京博物院

米黄色，光透，表面有茶褐色沁。身扁平。器形制作规整，琢磨精致。

玉环

WCM87 ： 16
直径 3.5、孔径 1.5、肉宽 1 厘米
现藏南京博物院

青灰色，有沁。不规则圆形，身扁平。

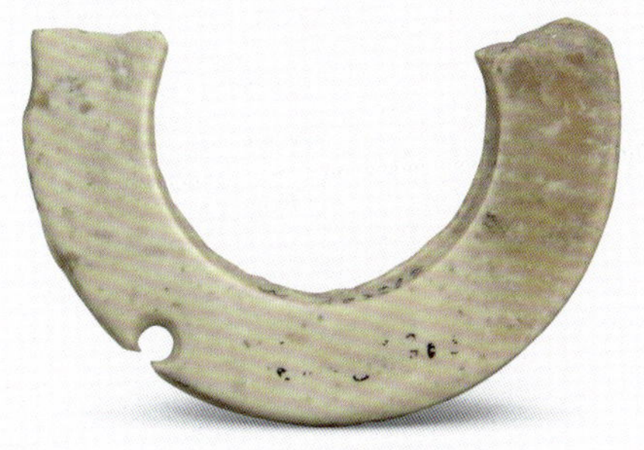

玉环

WCM87 ： 17
直径 4、肉宽 0.7、厚 0.25 厘米
现藏南京博物院

米黄色，蚀处泛白。环曲状，身扁平，外边缘有一缺口的穿孔。琢磨较精。

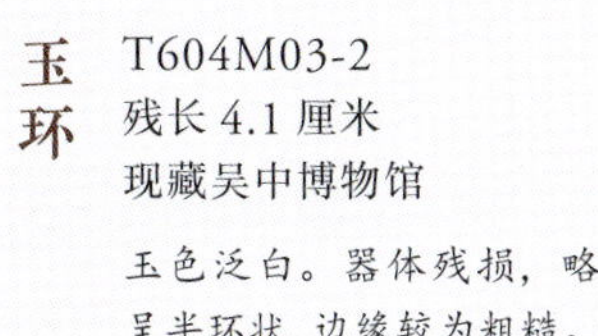

玉环

T604M03-2
残长 4.1 厘米
现藏吴中博物馆

玉色泛白。器体残损，略呈半环状，边缘较为粗糙。

玉管

T703 ： 6
长 3.1、直径 1 厘米
现藏南京博物院

青玉，部分已蚀。圆筒状，中孔双面对钻，两端均为斜面。

玉玦

WCM8 ： 01
直径 2.5、孔径 0.8、厚 0.5、缺宽 0.35 厘米
现藏南京博物院

青玉，透明。器形较规整，琢磨较精致。

玉玦

WCM99 ： 10
直径 1.7、孔径 0.6、厚 0.5、缺宽 0.2 厘米
现藏南京博物院

蚀为白色。扁圆形，器形规整。表面平整，琢磨精致。

玉饰

WCM12 ：15
高 3.7、底厚 2 厘米
现藏南京博物院

青玉，大部分已蚀为米黄色。器扁平形，似为残玉璜改制，两侧为圆弧状，顶端有一穿孔。

玉饰

WCM16 ：5
高 2.6、底宽 1.5 厘米
现藏南京博物院

青玉，部分蚀为白色。器扁平形，似为旧玉璜改制，两侧为圆弧状，顶端有一穿孔。

玉饰

WCM27 ：1
长 2.7、宽 2.4 厘米
现藏南京博物院

米黄色，失透，表面有茶褐色沁。器似一青蛙，身扁平，顶端有一穿孔。琢磨较精。

玉饰

WCM35 ：1
长 2、宽 1.3、厚 0.7 厘米
现藏吴中博物馆

青白色。柱形，断面为椭圆形，顶端有一穿孔。

玉饰 WCM59 ∶ 6
直径 2.2 厘米
现藏南京博物院

青白色，表面有黄褐色沁。不规则圆形，身扁平，有一穿孔。

玉饰 WCM86 ∶ 5
长 2.2、宽 1.5 厘米
现藏南京博物院

青玉，大部分已蚀。半圆形，身扁平，直径端有一穿孔。

玉饰 WCM97 ∶ 4
高 3.3、宽 1.3 厘米
现藏南京博物院

青玉，表面已蚀。圭形，顶端有一穿孔。琢磨较精。

玉饰

WCM100：2
长7.5、宽3、厚0.6厘米
现藏南京博物院

青玉，部分蚀为米黄色。形似一展翅飞翔的小鸟，头薄尾厚，顶端有一穿孔。琢磨精致。

玉饰

WCM112：6
残高2、底宽2.2厘米
现藏南京博物院

青玉，半透明，表面有沁。三角形，顶端有一穿孔，残剩一半。

玉饰

WCM166 ：15
高 2.7、底宽 2 厘米
现藏南京博物院

青玉，表面大部分已蚀。不规则三角形，顶端有一穿孔。

玉饰

WCM203 ：24
高 1.8、底宽 1.9 厘米
现藏南京博物院

青玉，表面大部分已蚀。器似靴形，顶端有一穿孔。

玉饰

WCM203 ：25
高 3.6、底宽 1.5 厘米
现藏南京博物院

青玉，表面已蚀。器似由一段残环改制，顶端有一穿孔。

玉饰

T604M03-3
长 1.8、宽 1.15 厘米
现藏吴中博物馆

玉质泛黄。半璧形，弧背边缘琢磨不甚平整，中部双面对钻一圆孔。

玉饰

T604M03-？
长 2.7、宽 1.1、厚 0.25 厘米
现藏吴中博物馆

淡青色，局部杂有褐色斑点。残，呈扇形，外缘与斜边打磨平滑，中部底缘稍上双面对钻一圆孔。

玉饰

分类号 10 ： 25903
残长 2.5、残宽 2.1 厘米
现藏南京博物院

灰黄色与黑色相间。器已残，上有一双面钻孔。

石钺

WCM3：7

长 14.8、宽 10.2、厚 1.2 厘米

现藏苏州博物馆

灰色，磨制。平面梯形，平顶，圆弧刃，上部双面对钻一穿孔，刃部有使用痕迹。

石钺

WCM16 ∶ 2
长12.5、宽8.2、厚1.5厘米
现藏南京博物院

通体磨光。中部偏上有一圆形对钻孔，刃部有使用痕迹。

石钺

WCM29 ： 3

长 17.4、宽 13.2 厘米

现藏南京博物院

青褐色。上部对穿一孔，器身两侧较直，近刃部外撇，弧刃，整体呈“风”字形。磨光。

石钺

WCM100：3
长 17.2、宽 11.2、厚 1.4 厘米
现藏南京博物院

通体磨光。刃部有使用痕迹，上部有一圆形穿孔，打磨光滑。

石钺

WCM113 : 6

长 11.5、宽 7.9、厚 1.5 厘米

现藏吴中博物馆

通体黑色，表面光滑。刃部较锋利，上部双面对钻一孔，穿孔较圆。

石钺

WCT202
长 11.8、宽 9.4 厘米
现藏南京博物院

磨光面呈青黄色，另面为灰褐色。上部对穿一孔，器身两侧较直，弧刃，整体呈“风”字形。钝端缺损，一面磨光。

石钺

1932
长 15.5、宽 11.4 厘米
现藏吴中博物馆

青灰色。器身扁薄，顶边近平，中上部有一对钻穿孔，器身两侧较直，近刃部外撇，弧刃，未开刃，整体呈"风"字形。

石钺

1933
长 11.5、宽 7.1 厘米
现藏吴中博物馆

平面近梯形，上端斜直，中上部有一对钻圆孔，器身两侧较直，直刃，刃口稍残。

双孔石钺

1946
长 12.2、刃宽 17.6、厚 0.7 厘米
现藏吴中博物馆

青灰色。扁平长方形，刃边稍长，背边略短，侧边微弧，双面开刃，刃角稍外撇，四边有刃缘棱线，器身近背部有双孔，孔壁有对钻台痕。

石钺

3944
长13.5、宽14.2厘米
现藏吴中博物馆

青灰色。扁平梯形，宽弧刃，两肩弧收，上部对穿一孔，钝端、刃部微缺，磨光。

小石锛

WCM28 ： 1
长 3、宽 4.5 厘米
现藏南京博物院

青灰色，表面磨光。长方形，单面刃，刃部微斜，钝端呈弧状，缺损。

石锛

WCM28 ： 9
长 4、宽 2 厘米
现藏吴中博物馆

刃部微斜，钝端缺损，一肩有明显缺损。表面磨光，器表见线状肌理。

石锛

1906
长 11、宽 3.9 厘米
现藏吴中博物馆

灰褐色。平面呈长方形，单面斜刃。刃部有磕损痕迹，顶部留有打制疤痕。

石锛

1907
长 4、宽 1.9 厘米
现藏吴中博物馆

平面呈长方形，背、腹面大体同宽，上部略窄，下部略宽，单面直刃。器身磨制光滑。

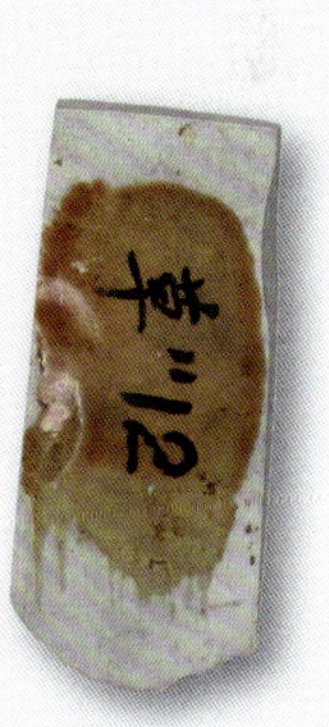

石锛

1908
①长 3.1、宽 2 厘米，②长 3.9、宽 1.7 厘米
现藏吴中博物馆

两件。其一褐色，平面近方形，器身略厚，隆起的一面有一条浅凹槽，直刃。其二灰色，长方形，器身扁薄，弧刃，多处磕缺，器表有打琢痕迹。

小石锛

1936
长 3.5、宽 2.6 厘米
现藏吴中博物馆

平面呈长方形，上窄下宽，单面斜刃，通体磨光。

石锛

1942
长 16、宽 5.3、厚 1.6 厘米
现藏吴中博物馆

通体磨制。扁平长条形，背面较直，单面平刃。器表留有多处坑疤，为没有磨掉的打琢痕迹。

石锛 1949
长 8、厚 1.1、刃宽 3 厘米
现藏吴中博物馆

长条形，单面刃。器表磨光。

小石锛 1950
长 4.1、厚 0.6、刃宽 3.3 厘米
现藏吴中博物馆

体形小巧，扁平状，平面略呈梯形，单面平刃，弧背。

石锛 3940
长 5、宽 3 厘米
现藏吴中博物馆

平面呈长方形，刃部微斜，钝端微损。表面磨光，有损。

石锛 1953

长 13.7、厚 2.0、刃宽 4.2 厘米

现藏吴中博物馆

整器呈细长条形，平面及断面皆呈长方形，背部略弧，单面刃。通体磨制光滑，棱角分明。

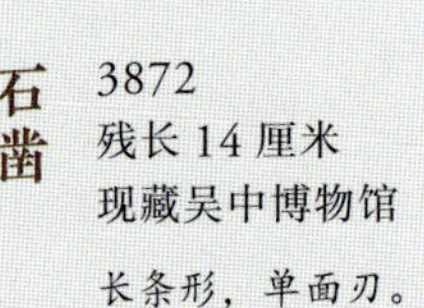

石凿 3872

残长 14 厘米

现藏吴中博物馆

长条形，单面刃。

陶鼎

WCM1 ∶ 5
口径 30、残高 15.4 厘米
现藏苏州博物馆

夹砂灰陶。口微侈，厚唇，折沿，束颈，斜肩，折腹，下承三足，三足残。折腹处有一凸棱，肩腹间饰多道凹旋纹。

陶鼎

WCM12 ： 9
口径 18、高 17.1 厘米
现藏南京博物院

夹砂红陶。敞口，束颈，垂腹，圜底，三铲形足外撇。

陶鼎

WCM15 ：2
口径 18.6、高 14.1 厘米
现藏苏州博物馆

夹砂红陶。盆形，侈口，折沿，直腹，圜底近平，三铲形足。

陶鼎

WCM23 ：5
口径 20.8、高 19.5 厘米
现藏南京博物院

夹砂红陶。敞口，束颈，弧腹，圜底，三锥状足外撇。

陶鼎

M34 : 2
口径 12.5、高 25.9 厘米
现藏南京博物院

夹砂红陶。罐形，侈口，束颈，肩部附三个小凸起，鼓腹，圜底，三鱼鳍状足外撇。腹部有三道凹旋纹。

陶鼎

WCM34 ： 8
口径 11、高 15 厘米
现藏南京博物院

夹砂灰红色。敞口，束颈，鼓腹，圜底，三铲形足。

陶鼎

WCM58 ： 8
口径 18.7、高 17.4 厘米
现藏南京博物院

夹砂灰陶。敞口，束颈，折腹，圜底，三凿形足。肩部饰数道凹旋纹。

陶鼎

WCM60 ：1
口径 19、高 17.5 厘米
现藏南京博物院

夹砂红陶。敞口，束颈，弧腹斜收至底，圜底，三铲形足残。下腹有一道扁状凸棱，上有一鋬手，已残，仅存底部。

陶鼎

WCM99 ： 2
口径 17.8、高 18 厘米
现藏南京博物院

夹砂红陶。敞口微侈，束颈，弧腹，三铲形足。颈部饰数道凹旋纹。

陶鼎 WCM116：1
口径8、残高7.6厘米
现藏苏州博物馆

泥质红陶。罐形，圆唇，直口微敞，折腹，下承三足，三足残缺。

陶鼎 WCM121：1
口径15、高15.5厘米
现藏南京博物院

夹砂灰陶。罐形，敞口，弧腹，三扁平状矮足。

陶鼎 WCT103 ： 11
口径 11.6、底径 11、高 4.1 厘米
现藏南京博物院

夹砂红褐陶。敞口，宽折沿，浅直腹，圜底，三矮扁足。

陶鼎 T302 ②

口径 17.2、高 18.5 厘米

现藏南京博物院

夹砂红陶。敞口，束颈，弧腹，圜底，三铲形足。

陶鼎 3918
口径 12.9、残高 7.4 厘米
现藏吴中博物馆

夹砂红陶。敞口，束颈，弧腹，平底，三足残。

陶鼎 3930
口径 15.6、高 13 厘米
现藏吴中博物馆

夹砂红陶。敞口，束颈，深弧腹，圜底，三鱼鳍状足外撇。

陶豆

WCM1 ： 9
口径 15.3、底径 12.3、高 10.4 厘米
现藏南京博物院

泥质红陶，外施黑衣。直口，宽弧折沿，浅腹，豆把呈三段式，第三段外撇。第二段饰圆形镂孔。

陶豆

WCM2 ∶ 5
口径 16.3、底径 10.9、高 12.4 厘米
现藏南京博物院

泥质红陶，外表施黑衣。敛口，束颈，弧腹斜收至底，豆把为三段式。中段饰有三组圆形镂孔和弧边三角形凹窝组成的装饰。

陶豆

WCM3 ： 11
口径 19、底径 13.5、高 14.2 厘米
现藏南京博物院

泥质红陶。敛口，折沿，弧腹，喇叭状高圈足。豆把上饰有三个等距的圆形镂孔。

陶豆

WCM8 ： 5
口径 18.6、底径 8.7、残高 11.9 厘米
现藏南京博物院

泥质红陶，黑衣已脱落。盘口微敛，折收腹至底，豆把三段式，残，饰有圆形和弧边三角形组合的镂孔。

陶豆 WCM9：5

口径 16、底径 10.3、高 13.2 厘米

现藏南京博物院

泥质红陶。敛口，微弧腹折收至底，喇叭状高圈足。豆把上部饰四个圆形镂孔和一道凹旋纹，下部有数个三角形、圆形镂孔。

陶豆 WCM12 ∶ 3
口径 19.5、底径 13.5、高 10 厘米
现藏南京博物院

泥质灰陶，器表施陶衣。敛口，折沿，弧腹，圈足外扁。圈足等距饰有四组两个圆形镂孔。

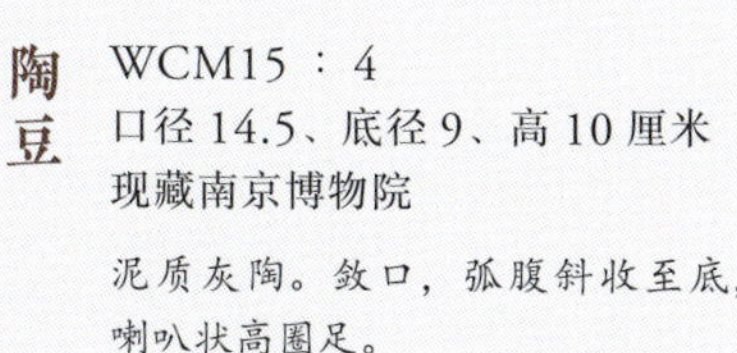

陶豆 WCM15 ∶ 4
口径 14.5、底径 9、高 10 厘米
现藏南京博物院

泥质灰陶。敛口，弧腹斜收至底，喇叭状高圈足。

陶豆

WCM18 ：3
口径 22、底径 14、高 12.7 厘米
现藏南京博物院

夹砂灰陶。敛口，弧腹微折，三段式豆把。第二段饰圆形和弧边三角形镂孔。

陶豆

WCM20 ： 1
口径 21.7、底径 15.5、高 10.4 厘米
现藏南京博物院

泥质灰陶。盆形豆。敛口，弧腹斜收至底，粗短柄，圈足外撇。柄上饰数道弦纹，并饰有两对对称圆形镂孔。

陶豆

WCM20 ∶ 8
口径 21.5、底径 16.5、高 12.8 厘米
现藏苏州博物馆

泥质黑皮陶。唇口内敛，豆盘外撇，粗高直柄，喇叭状圈足。豆柄部饰三角形和圆形镂孔。

陶豆

WCM26：3

口径 21.5、底径 16.3、高 9.9 厘米

现藏南京博物院

夹砂红陶，外施黑衣。子母口，弧腹斜收，粗短柄，喇叭状矮圈足。柄上环刻三角弧线纹。

陶豆

WCM29 ：7
口径 19.4、底径 17.6、高 24 厘米
现藏南京博物院

泥质红陶，外施黑衣。上部呈浅钵形，敛口，折肩，弧折腹，喇叭状高圈足。柄上部饰数道弦纹呈竹节状，下部刻三角形纹，并镂刻圆孔。圆形镂孔与三角形凹窝组合纹饰和圆形镂孔纹饰用竖条刻划纹间隔。

陶豆

WCM30 : 5
口径 19.5、底径 17.8、高 23.5 厘米
现藏南京博物院

泥质灰陶。敛口，斜收腹，喇叭状高圈足，豆把呈三段式。第一段呈凸棱状，第二段饰三角形、圆形和长条形镂孔。

陶豆 WCM30 ：6
口径 26、底径 19.7、高 10 厘米
现藏南京博物院

泥质灰陶。敛口，浅弧腹斜收至底，粗高圈足，底足稍外撇。足部饰有一圈不规则菱形镂孔，上、下各饰一排排列不规则的戳印小孔，刻划细线连接。

陶豆

WCM31 ： 5
口径 22.5、底径 16.5、高 14.5 厘米
现藏南京博物院

夹砂灰陶。敛口，折沿，弧腹斜收至底，三段式豆柄。中段饰数道凹旋纹和数个三角形镂孔，镂孔外围有叶形刻划纹。

陶豆

WCM32 ： 1
口径 24.5、底径 17、高 10.5 厘米
现藏吴中博物馆

泥质灰陶。敛口，折沿，弧腹斜收至底，三段式豆柄。中段饰三组共六个圆形凹窝。

陶豆

WCM34 ： 9
口径 21.2、底径 14.5、高 11.5 厘米
现藏南京博物院

泥质灰陶，外有黑衣，已脱落。敛口，弧折腹，喇叭状圈足。柄部间饰长方形、圆形镂孔各三个。

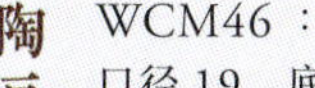

陶豆

WCM46 ： 1
口径 19、底径 12.3、高 7.2 厘米
现藏南京博物院

泥质红陶。敞口，浅腹，粗圈足，下部外撇。柄上部有多个圆形和三角形镂孔。

陶豆 WCM58 ： 3

口径 16、底径 9.1、高 9.5 厘米

现藏南京博物院

泥质灰陶。敛口，弧腹斜收至底，高圈足。圈足上有两个对称的圆形镂孔，镂孔间有两对对称的三角形凹痕和一对小圆形镂孔。

陶豆 WCM59 ： 6

口径 12.8、底径 7.8、高 7.7 厘米

现藏南京博物院

泥质红陶，黑色陶衣已剥落。敛口，弧腹折收至底，高圈足外撇。腹部与圈足各有一周凸棱。

陶豆

WCM85 ∶ 8
口径 21、底径 16、高 10.5 厘米
现藏吴中博物馆

泥质灰陶。敛口，弧腹，粗矮圈足，下部外撇。腹上有一道凸棱，足中部一圈内凹且有大小不一的圆形镂孔。

陶豆

WCM87 ：2
口径 20、底径 15.3、高 12 厘米
现藏南京博物院

泥质灰陶。敞口，浅腹，三段式豆把。豆把第一段饰一道凸棱纹，第二段饰弧边三角和圆形镂孔组合图案。

陶豆

WCM87 ：7
口径 18.7、底径 14、高 7 厘米
现藏吴中博物馆

泥质灰陶。敛口，折沿，弧腹，圜底，粗矮圈足底部外撇。圈足上等距饰三个圆形镂孔，间隔两个条形镂孔。

陶豆 WCM93 ： 1
口径 15.6、底径 10.7、高 12 厘米
现藏吴中博物馆

泥质灰陶，施红衣，红衣大部分剥落。敛口，折沿，折腹，下弧腹斜收，三段式豆把。中段均匀分布三个圆形镂孔。

陶豆

M96 ： 1
口径 20、残高 7.5 厘米
现藏南京博物院

泥质灰陶。敛口，弧腹斜收至底，豆柄及以下残缺。腹内壁上部刻两道弦纹。

陶豆

WCM144 ： 1-2
口径 17.2、残高 6.1 厘米
现藏南京博物院

泥质灰陶。敞口，圆唇，腹斜收至底，豆柄及以下残缺。

陶豆 WCM99：3
口径 25.5、底径 16.5、高 10.8 厘米
现藏南京博物院

泥质灰陶。敛口，浅斜腹，粗高圈足，底足外撇。圈足下部均匀分布三处镂孔，其间剔饰圆孔、三角形，并以阴刻直线连接。

陶豆 WCM153 ：1
口径 19.8、底径 14.2、高 14.1 厘米
现藏苏州博物馆

泥质灰陶。敞口，圆唇，腹外壁内凹转折处成棱，圜底，豆把分两段。上部饰弧边三角和圆形镂孔。

陶豆

WCM155 ： 11
口径 6、底径 8、高 14.1 厘米
现藏苏州博物馆

泥质红陶。罐形豆。直口，矮颈，鼓腹渐收，豆把喇叭状。

陶豆

WCM166：4
口径 18、底径 12、高 13.3 厘米
现藏南京博物院

夹砂红陶。敛口，口沿内折，弧腹斜收至底，三段式豆柄。中段饰有圆形和三角形镂孔。

陶豆 WCT106 ： 61
口径 9.1、底径 7.2、高 15.5 厘米
现藏苏州博物馆

泥质黑皮陶。罐形豆。敛口，鼓腹渐收，细喇叭状圈足。圈足饰圆形镂孔和三角形凹痕等。

陶豆

WCT202 ⑨
口径 11.3、底径 8.4、高 7.5 厘米
现藏南京博物院

泥质红陶，外有黑陶衣。敛口，弧腹斜收至底，喇叭形圈足。

陶豆 WCT504
口径 21.4、底径 17.5、高 16 厘米
现藏南京博物院

泥质黑皮陶。敞口，浅腹，三段式豆柄。上段瓦棱状，中部饰有不同形状的镂孔。

陶豆

WCT703②：4
口径 12.9、底径 9.2、高 6.1 厘米
现藏南京博物院

泥质红陶，外施黑陶衣。直口微敞，弧腹斜收至底，圈足稍外撇。外部留有制作痕迹。

陶豆

1954

口径 18.7、底径 12.7、高 11.9 厘米

现藏吴中博物馆

泥质灰陶，器表施陶衣，呈灰紫色。敛口，圆唇，浅盘，弧腹，喇叭状圈足稍显粗壮。足柄部饰镂空弧边三角与圆孔的组合纹饰。

陶豆

1955
口径 21.7、底径 16、高 19.3 厘米
现藏吴中博物馆

泥质灰陶。口沿内敛，浅盘，斜腹折于盘底，豆柄细长，圈足外撇呈喇叭状。豆柄饰三周弦纹似竹节，近底处镂刻由三角和圆孔组成的图案。

陶豆

1956
口径 17.7、底径 12.8、高 10.1 厘米
现藏吴中博物馆

泥质灰陶。盘口较深，敛口，斜腹，圈足粗短略外撇。豆柄镂刻弧边三角和圆孔组合纹饰。

陶豆

3644
底径 11.2、残高 11.5 厘米
现藏吴中博物馆

泥质红陶，器表施黑衣，大部分已脱落。盘口略呈圆形，口沿内敛，小圆唇，腹部斜收，豆柄较短，圈足残。

陶豆

3646

口径 18、底径 13、高 14.6 厘米

现藏吴中博物馆

泥质灰陶。盘口略深，敛口，圆唇，折沿，喇叭形圈足。柄部错位镂三周圆形穿孔，共 12 个。

陶豆

3647

口径17.4、高16.3厘米

现藏吴中博物馆

泥质红陶，残有部分黑衣。敛口，圆唇，浅盘，折腹，豆柄细长呈喇叭状。豆柄上端凸起的装饰带戳刻圆形纹样，下饰两周弦纹，镂弧边三角和圆孔组合纹饰。

陶豆

3942
口径15、底径9.8、高11厘米
现藏吴中博物馆

泥质灰陶。敞口，弧腹，喇叭状高圈足。柄部饰四个圆形镂孔。

陶豆

3943

口径 17.3、底径 14.7、高 17.9 厘米

现藏吴中博物馆

泥质黑皮陶。杯形豆。敞口，折腹，豆把为三段式。豆把第一段施一周凸棱，凸棱上饰三个三角缺口，第二段饰三个圆形镂孔。

陶豆

3946

口径 20、底径 15.8、高 12.5 厘米

现藏吴中博物馆

泥质灰陶。敞口，折腹，三段式豆柄。中部饰数道弦纹及四个长条形、圆形、三角形镂孔。

陶罐

WCM2 ： 9
口径 5、底径 5.8、高 9.2 厘米
现藏南京博物院

泥质红陶。敛口，弧肩，圆鼓腹，平底内凹。

陶罐

WCM2 ： 10
口径 10.5、底径 8.7、高 13.2 厘米
现藏南京博物院

泥质黑皮陶。直口，折肩，折腹，下弧腹斜收至底，圈足。折棱处均匀分布两圈乳突，每圈四个共八个，肩腹间饰两道弦纹。

陶罐 WCM2 ∶ 16
口径 8.7、高 8.3 厘米
现藏吴中博物馆

泥质灰陶。直口，直颈，圆鼓腹，圜底近平。上腹部饰双弧线纹。

陶罐

WCM3：1

口径 13、底径 10.5、高 25 厘米

现藏南京博物院

泥质红陶。敞口，束颈，鼓腹，矮圈足。腹部有两道凸棱。

陶罐 WCM3 ：8
口径 8、底径 7.6、高 12.5 厘米
现藏南京博物院

泥质灰陶。敞口，束颈，弧折腹，平底。

陶罐 WCM4 ：2
口径 9.7、底径 5.5、高 8.2 厘米
现藏南京博物院

泥质灰陶。直口微敞，溜肩，折腹下斜收至底，平底。

陶罐
WCM9 ： 4
口径 8、底径 9、高 9.5 厘米
现藏南京博物院

泥质灰陶。敛口，鼓腹弧收至底，圈足。

陶罐
WCM12 ： 6
口径 7.4、底径 6.8、高 12.4 厘米
现藏南京博物院

泥质灰陶。直口微敞，束颈，弧肩，直腹略内凹，下腹部折收至底，三瓣式圈足外撇。有轮制痕迹。

陶罐

WCM12 ∶ 8
口径 10.5、底径 10.5、高 14 厘米
现藏南京博物院

泥质红陶，外壁残存黑色陶衣。口沿略残，侈口，束颈，溜肩，鼓腹下斜收至底，平底。

陶罐

WCM14 ： 5
口径 9.5、底径 8、高 10.5 厘米
现藏南京博物院

泥质灰陶。敞口，束颈，鼓腹略折，矮圈足。

陶罐

WCM14：6
口径 9 ~ 9.8、底径 8、高 15 厘米
现藏南京博物院

泥质灰陶。敞口，束颈，折肩，弧腹斜收至底，圈足。

陶罐

WCM15 ：1
口径 8、底径 5.3、高 11.2 厘米
现藏苏州博物馆

泥质灰陶。直口，矮颈，斜肩外折下收，斜腹，平底。

陶罐

WCM15 ：3
口径 8.2、底径 6.1、高 11.2 厘米
现藏吴中博物馆

泥质灰陶。敞口，束颈，折肩，腹斜收至底，三瓣式圈足。

陶罐 WCM18 ：2
口径 15.5、底径 9.5、高 9 厘米
现藏南京博物院

泥质红陶，外有黑衣。敞口，束颈，弧腹略折，平底微凹。

陶罐 WCM20 ：2
口径 7.2、底径 9、高 9.2 厘米
现藏南京博物院

泥质红陶。敛口，弧肩，折腹，圈足外撇。肩下及腹部各饰一道凸棱。

陶罐

WCM20 ： 12
口径 8、底径 7.5、高 12 厘米
现藏南京博物院

泥质红陶。敞口，束颈，折肩，折腹，平底。

陶罐 WCM26 ： 4
口径 12.2、底径 10.2、高 17.5 厘米
现藏吴中博物馆

泥质灰陶。敞口，束颈，溜肩，弧腹，圈足。腹部饰一道凸棱。

陶罐

WCM27：5
口径 10.5、底径 9.6、高 17 厘米
现藏南京博物院

泥质灰陶。敞口，束颈，弧腹，圈足。

陶罐 WCM28：8
口径 7.7、底径 7、高 11.5 厘米
现藏南京博物院

泥质灰陶。敞口，束颈，溜肩，弧折腹，圈足。肩部饰数道弦纹。

陶罐 WCM29：5
口径 11、底径 9、高 14.5 厘米
现藏南京博物院

泥质灰陶。侈口，颈略高，鼓腹，平底。

陶罐

WCM30 ：3
口径 11.5、底径 9.8、高 11 厘米
现藏南京博物院

泥质灰陶。敞口，束颈，弧折腹，平底。

陶罐

WCM30 ：4
口径 7.2、底径 9、高 10.7 厘米
现藏南京博物院

泥质灰陶。直口微敞，弧肩，扁鼓腹，平底。

陶罐 WCM30 ： 11
口径 5.8、底径 5、高 11.9 厘米
现藏南京博物院

泥质灰褐陶。经慢轮修整。敞口，束颈，弧折肩，斜收腹，腹下部折收至底，圈足外撇。肩下饰两道弦纹，下腹部饰两道弦纹。

陶罐

WCM30 ：12
口径 12.5、底径 10、高 17.5 厘米
现藏南京博物院

泥质灰陶。侈口，斜领，弧折腹斜收至底，矮圈足。腹部折缘处堆饰一圈绞索纹。

陶罐 WCM31 ： 13
口径 13.1、底径 10.1、高 13.9 厘米
现藏南京博物院

泥质灰陶。敞口，束颈，鼓腹，平底。

陶罐 WCM31 ： 16
口径 6.4、高 8.9 厘米
现藏南京博物院

泥质灰陶。敞口，束颈，弧肩，鼓腹，圜底近平。

陶罐

WCM32：3
口径 9.5、底径 11、高 15.5 厘米
现藏南京博物院

泥质灰陶。直口，鼓腹，圈足。肩部饰两道绳纹和四个小耳，上腹部饰戳印纹和一周绳索状凸棱。

陶罐 WCM47 ：1
口径 11.8、底径 6、高 9.8 厘米
现藏南京博物院

泥质灰陶。敞口，圆唇，束颈，鼓腹，圜底略平。肩腹部有一对鋬手。

陶罐 WCM47 ：2
口径 9.7、底径 5.8、高 11.9 厘米
现藏南京博物院

泥质灰陶。敞口，束颈，弧折腹至底，圜底略平。腹中部有一对鋬手。

陶罐 WCM57：1
口径 12.3、底径 12、高 28.5 厘米
现藏南京博物院

泥质灰陶。敞口，束颈，弧肩，深弧腹斜收至底，矮圈足。通体饰凹旋纹，旋纹之间间隔较大。

陶罐

WCM57 ∶ 2
口径 9、底径 8.4、高 16.5 厘米
现藏吴中博物馆

泥质黑皮红陶。敞口，束颈，鼓腹，下腹斜收至底，矮圈足。

陶罐 WCM58：7
口径 14.5、底径 14、高 33 厘米
现藏南京博物院

泥质灰陶。敞口，束颈，弧腹斜收至底，圈足。上腹饰一圈绳索状凸棱。

陶罐

WCM59 ：11
口径 5.9、底径 5.8、高 8.4 厘米
现藏南京博物院

泥质红褐陶，外施黑衣。敛口，弧腹，平底略内凹，底中心有一圆形凸起。

陶罐 WCM60：3
口径 10、底径 8.2、高 13 厘米
现藏南京博物院

泥质灰陶。直口微侈，高领，鼓腹，下腹斜收至底，花瓣状圈足。

陶罐

WCM60 ：8

口径 15、底径 13.8、高 31 厘米

现藏南京博物院

泥质灰陶，黑皮大部分已脱落。敞口，束颈，鼓腹，下腹斜收至底，圈足。上腹部有三道凸棱，最下一道凸棱上饰有一对对称的鸡冠形錾手。

陶罐

WCM60 ： 13
口径 8.6、底径 7、高 13.4 厘米
现藏南京博物院

泥质红陶。敞口，束颈，弧肩，折腹，平底。内有泥条盘筑痕迹。

陶罐 WCM85 ∶ 2

口径 10.7、底径 8.5、高 14.7 厘米

现藏南京博物院

泥质灰陶。敞口，束颈，弧肩，折腹，平底。

陶罐 WCM85：10
口径 6.3、底径 8.8、高 11.7 厘米
现藏南京博物院

泥质灰陶。口略平，折肩，弧折腹，平底。

陶罐 WCM85：15
口径 8.1、底径 7.5、高 11.9 厘米
现藏南京博物院

泥质红陶，黑皮大部分已脱落。敞口，束颈，鼓腹弧收至底，圜底略平。

陶罐 WCM86 ： 5

口径 12.9、底径 10.6、高 16.6 厘米

现藏南京博物院

泥质灰陶。敞口，束颈，鼓腹，圜底，圈足。腹部有两道凸棱。

陶罐 WCM88 ： 2

口径 10.2、底径 9.5、高 15 厘米

现藏南京博物院

泥质红胎黑皮陶。直口微敞，束颈，弧折肩，弧折腹，圜底略平。

陶罐 WCM91 ∶ 1
口径 9、底径 7.4、高 12 厘米
现藏南京博物院

泥质灰陶。侈口，束颈，斜肩，折腹斜收至底，矮圈足。

陶罐 WCM91 ∶ 4
口径 5.7、底径 5、高 7 厘米
现藏南京博物院

泥质灰陶。敛口，圆唇，鼓腹，平底。

陶罐 WCM97 ： 1
口径 12.6、底径 11.9、高 23.6 厘米
现藏南京博物院

泥质灰陶。敞口，短直颈，折肩，斜收腹，平底微凸。

陶罐

WCM97 ：5
口径 9、底径 7.6、高 15 厘米
现藏南京博物院

泥质灰陶。器形规整，胎薄。敞口，球腹，圈足。

陶罐

WCM99 ：1
口径 12、底径 11.5、高 18.8 厘米
现藏南京博物院

泥质灰陶。侈口，束颈，溜肩，鼓腹，圜底。腹部中间附加一周绳索状凸棱。

陶罐 WCM99 ： 4
口径 9、底径 11、高 6.5 厘米
现藏南京博物院

泥质红褐陶，外有黑衣。直口微敛，束颈，弧折腹，下腹斜收至底，饼足。

陶罐 WCM100 ： 5
口径 5.5、底径 5.7、高 6.2 厘米
现藏苏州博物馆

泥质灰陶。侈口，高束颈，鼓腹，圜底。

陶罐 WCM113 ： 4
口径 7、底径 5、高 7.8 厘米
现藏苏州博物馆

泥质灰陶。直口略侈，折腹，圜底。

陶罐
WCM120 ∶ 4
口径 7、底径 5、高 8.3 厘米
现藏苏州博物馆

泥质灰陶。圆口微侈，束颈，折腹，下腹渐收，平底。

陶罐
WCM121 ∶ 9
口径 11.6、底径 6、高 12 厘米
现藏南京博物院

泥质灰陶。敞口，束颈，鼓腹，平底。腹中部饰一对鸡冠状鋬手。

陶罐

WCM132：2

口径 21.2、高 27.5 厘米

现藏南京博物院

夹砂红陶，质地疏松。敞口，圆唇，束颈，鼓腹，圜底。

陶罐

WCM142 ： 2
口径 11、高 11.5 厘米
现藏南京博物院

夹砂红陶。敞口，束颈，弧肩，弧腹，圜底。

陶罐 WCM155 ∶ 6
口径 8.5、底径 12.8、高 27 厘米
现藏南京博物院

泥质灰陶。敞口，高领，弧折腹，平底。

陶罐

WCM164 ∶ 1
口径 11.6、底径 11、残高 18 厘米
现藏南京博物院

泥质灰陶。口部残缺，折肩，鼓腹，下腹斜收至底，圈足。腹上饰两道凸棱。

陶罐 WCM164 ： 4
口径 8.3、底径 7.1、高 7 厘米
现藏南京博物院

泥质灰陶。敞口，束颈，弧腹，下腹斜收至底，平底微内凹。

陶罐 WCM166 ： 8
口径 12.7、底径 9.4、高 14.2 厘米
现藏南京博物院

泥质灰陶。敞口，束颈，溜肩，弧腹斜收至底，平底。

陶罐

WCT102

口径 16、底径 16.2、高 30 厘米

现藏南京博物院

泥质灰陶。敞口，束颈，弧腹，平底。

陶罐 WCT202⑤：6
口径3.5、底径4、残高4.5厘米
现藏苏州博物馆

泥质灰陶。敛口，折腹，下腹渐收，平底。

陶罐 WCT604：23
口径11.1、底径5、高10.4厘米
现藏南京博物院

泥质灰陶。敞口，束颈，折肩折腹，下腹斜收至底，圜底略平。

陶罐

T604 ∶ 16
口径 9.5、底径 9、高 9 厘米
现藏南京博物院

泥质灰陶。直口，短颈，弧折肩，弧腹，平底略内凹。

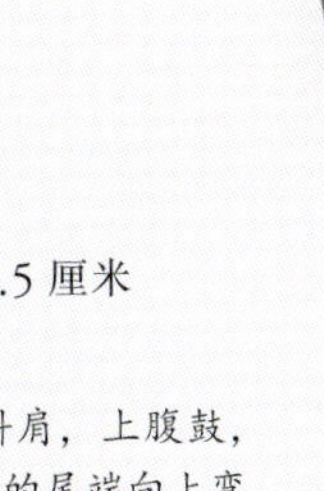

带把陶罐

WCT802 采 M1 ∶ 2
口径 8、腹径 13.4、底径 6.5、高 12.5 厘米
现藏南京博物院

泥质灰陶。敞口微侈，圆唇，束颈，斜肩，上腹鼓，下斜收，平底。一侧肩腹处附一短鋬，鋬的尾端向上弯。

陶罐 WCT802采M1 ：5
口径8.4、腹径12.7、底径6、高11.6厘米
现藏南京博物院

泥质灰陶。敞口，方唇，喇叭形短颈，斜肩，折腹，上腹外撇，下腹弧收至小平底。

陶罐 WCTS584 ：10
口径9.8、底径8.5、高8.5厘米
现藏南京博物院

泥质灰陶。口残，敞口，束颈，斜肩，弧腹，平底。

带盖陶罐

1919
底径 7.3、高 5.4 厘米
现藏吴中博物馆

泥质灰陶。盖平，圈足状捉手。罐口沿残缺，鼓腹略折，平底。

陶罐

1922
底径 7.2、残高 13 厘米
现藏吴中博物馆

泥质灰陶。口沿及颈部残缺。直口，高颈，溜肩，鼓腹略折，下腹斜收，平底。

陶罐

1966
口径 8.7、残高 9.4 厘米
现藏吴中博物馆

泥质灰陶，表面残留黑衣。直口微侈，圆唇，折腹，下腹斜收，底残缺。

陶罐

1977
口径 10.5、底径 8.4、高 13 厘米
现藏吴中博物馆

泥质灰陶。直口外侈，卷沿，圆唇，矮直领，鼓腹，下腹斜收，平底。腹最大径处附加一道凸棱。

陶罐

2001
口径 16.2、底径 12.3、高 15 厘米
现藏吴中博物馆

泥质灰陶，器表内外施黑衣，剥落严重。直口，圆唇，筒状深腹，平底。

陶罐

3638
口径 9.9、底径 6、高 9.9 厘米
现藏吴中博物馆

泥质黑皮陶，器表部分着黑衣。侈口，束颈，折腹斜收，平底。

陶罐 3639

口径 5.6 × 6.7、高 25.5 厘米

现藏吴中博物馆

泥质橙黄陶，外施黑衣，剥落严重。侈口，圆唇，束颈，弧折肩，筒状深腹，腹壁斜直，平底。口沿上相对穿两组四个针眼小孔，腹部自上而下饰三组凸弦纹，每组三道。

陶罐

3641

口径 8.6、高 12.3 厘米

现藏吴中博物馆

泥质红陶，器表及内壁施黑衣。圆口微外侈，矮颈，溜肩，上腹鼓，下腹斜收，矮圈足。

陶罐

3850

口径 8.5、腹径 15.6、底径 12.5、高 18.4 厘米

现藏吴中博物馆

泥质红陶，黑衣已剥落。敛口，圆唇，长鼓腹，矮圈足，足下端外撇，中部有对称小圆孔，平底中部微向外凸。

陶罐

3852
口径 10.7、腹径 20.5、底径 9.5、高 14 厘米
现藏吴中博物馆

泥质灰陶。小口微内收，斜折沿，短颈，弧肩，扁鼓腹，下弧收为平底，假圈足。腹中部饰一周绳索状凸棱。

陶缸 M27 ：8
口径 30、高 35 厘米
现藏南京博物院

夹砂红陶。直口微敞，直腹，圜底。口沿处有数道凹旋纹，其下拍印斜向条纹。

陶甑

3910

口径 20.2、底径 7.2、高 14.5 厘米

现藏吴中博物馆

泥质灰陶。敞口，弧腹，下腹弧收至底，底残缺。上腹部有一对对称耳形鋬手。

陶高足杯

1962

口径 6.8、底径 6、高 7.1 厘米

现藏吴中博物馆

泥质黑灰陶，黑衣脱落。侈口，圆唇，深腹内收，粗柄，喇叭状圈足。柄部饰竹节状凸弦纹。

陶杯 WCM1 ： 1
口径 7、底径 6.5、高 11.4 厘米
现藏苏州博物馆

泥质红褐陶。直口，深腹，下部斜内收，平底，矮圈足。

陶杯 WCM1 ： 4
口径 5.9、底径 4.8、高 10.5 厘米
现藏南京博物院

泥质灰陶，外施黑衣。敛口，直腹略垂，平底内凹，矮圈足。腹部有四条凹旋纹。

陶杯 WCM2：1
口径 5.4、底径 5、高 9.5 厘米
现藏南京博物院

泥质灰陶，残存黑衣。敛口，垂腹，圈足。腹下部有四道凹弦纹。

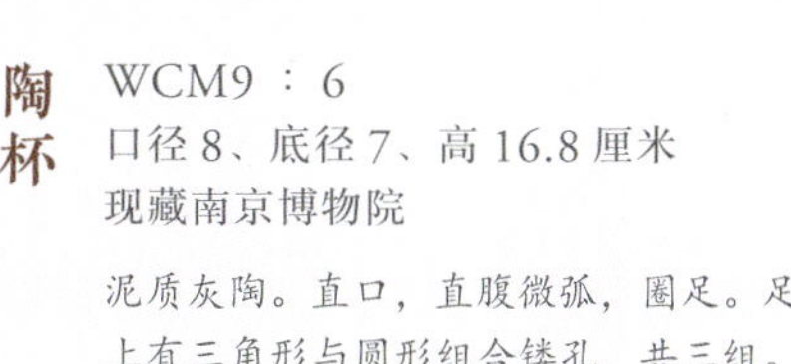

陶杯 WCM9：6
口径 8、底径 7、高 16.8 厘米
现藏南京博物院

泥质灰陶。直口，直腹微弧，圈足。足上有三角形与圆形组合镂孔，共三组。

陶杯

WCM9 ∶ 7

口径 6.5、底径 6、高 12.5 厘米

现藏南京博物院

泥质红陶，大部分黑衣已脱落。直口微敞，弧腹，下腹略垂，圈足。足部分三大瓣，每瓣各分为二，状如花瓣。

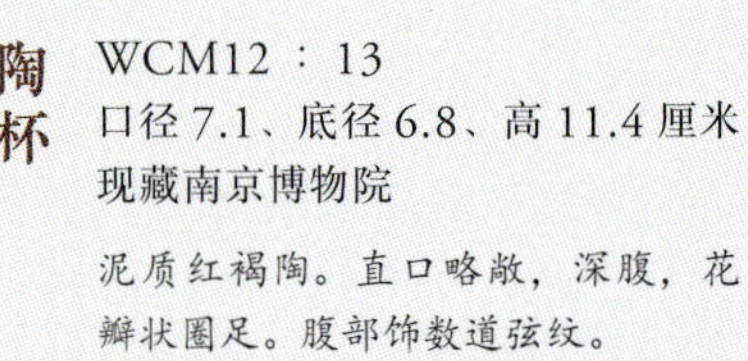

陶杯

WCM12 ∶ 13

口径 7.1、底径 6.8、高 11.4 厘米

现藏南京博物院

泥质红褐陶。直口略敞，深腹，花瓣状圈足。腹部饰数道弦纹。

陶杯

WCM12：5

口径 8、底径 8、高 18.4 厘米

现藏苏州博物馆

泥质灰陶。直口，筒状深腹，矮圈足。圈足上剔刻竖线。

陶杯 WCM27 ： 4
口径 7、底径 6.7、高 10 厘米
现藏南京博物院

泥质红陶。直口，直筒腹，平底内凹，口为椭圆形。

陶杯 WCM31 ： 1
口径 6.7、底径 7.2、高 11.2 厘米
现藏吴中博物馆

泥质灰陶。敞口，束颈，弧腹略下垂，下腹斜收至底，矮圈足。

陶杯

WCM59 ∶ 7
口径 7.5、底径 7.2、高 12 厘米
现藏南京博物院

泥质红陶，大部分黑衣已剥落。直口，直腹，平底内凹，足部微外撇。

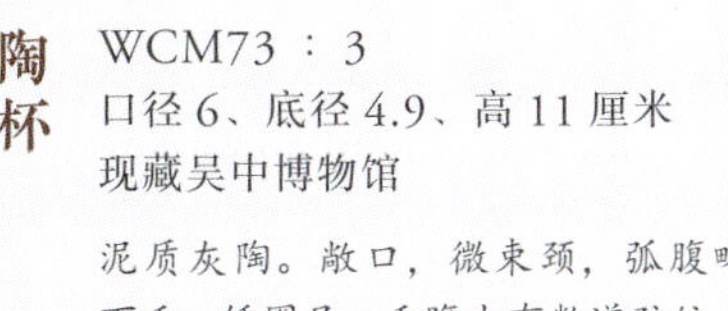

陶杯

WCM73 ∶ 3
口径 6、底径 4.9、高 11 厘米
现藏吴中博物馆

泥质灰陶。敞口，微束颈，弧腹略下垂，矮圈足。垂腹上有数道弦纹。

陶杯 WCM80 ∶ 1
口径 5.5、腹径 6.2、底径 4.6、高 11.5 厘米
现藏南京博物院

彩陶，器外壁施朱砂彩绘，稍有剥落。圆筒形，直口，口微内收，斜肩，长弧腹，下部渐收，假圈足。腹上、下各饰有两周凹旋纹。

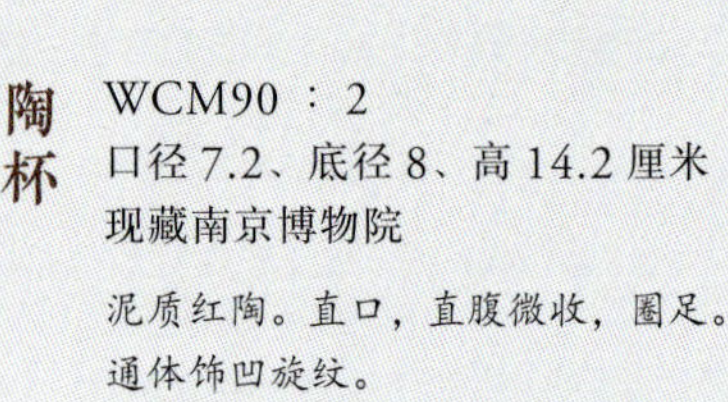

陶杯 WCM90 ∶ 2
口径 7.2、底径 8、高 14.2 厘米
现藏南京博物院

泥质红陶。直口，直腹微收，圈足。通体饰凹旋纹。

陶杯 WCM90 ： 3
口径 7、底径 7.5、高 6 厘米
现藏南京博物院

夹砂红陶，施黑色陶衣。不规则形，直敛口，直筒状腹略倾斜，平底。

陶杯 WCM90 ： 4
口径 6.9、底径 5.3、高 14.5 厘米
现藏南京博物院

泥质灰陶，外壁施黑衣。直口微敞，杯身略呈卵状，下腹略垂，花瓣状圈足。杯身饰数道瓦棱纹。

陶杯 WCM90 ：5
口径 8.1、底径 8.4、高 11.7 厘米
现藏南京博物院

泥质红陶，有白色陶衣。直口，直腹微收，平底微凹。腹部饰数道凸弦纹。

陶杯 WCM95A ：3
口径 8、底径 6.6、高 10.4 厘米
现藏南京博物院

泥质红陶。直口，直腹，平底内凹。

陶杯 WCM97：12
口径 6.5、底径 6.5、高 10.4 厘米
现藏南京博物院

泥质灰陶。直口，直腹下微撇，平底。腹部饰数道凸弦纹。

陶杯 WCM108：1
口径 7.7、底径 5、高 10.3 厘米
现藏苏州博物馆

泥质灰陶。口微侈，颈微束，深腹下折收至底，花瓣状矮圈足。

陶杯

WCM155 ：4
口径 7、底径 5、高 14.5 厘米
现藏苏州博物馆

泥质灰陶。直口，深腹，下部斜内切，花瓣状圈足。

陶杯

WCM164 ：5
口径 7、底径 7.5、高 9.6 厘米
现藏南京博物院

泥质红陶，外施黑衣。直口，直腹，平底内凹，足部微外撇。足上有按捺痕和切割槽。

陶杯 WCM170：1
口径 9.3、底径 8、高 13.8 厘米
现藏苏州博物馆

泥质红陶。敞口，圆唇，下腹微折，矮圈足。

陶杯 WCT202⑤：5
口径 7、高 3 厘米
现藏南京博物院

泥质红陶。造型拙朴。敞口，平底。

陶杯 WCT604：43
口径 7.1、底径 6.4、高 11.6 厘米
现藏南京博物院

泥质灰陶。直口微敞，杯身略呈卵状，下腹略垂，花瓣状圈足。腹部饰五道凹旋纹。

陶杯 1961

口径 7.2、底径 5.8、高 11 厘米

现藏吴中博物馆

泥质灰陶，整器施黑衣。直口微侈，筒状深腹，上腹微内收，下腹稍外鼓，矮圈足微外撇，分为四瓣。下腹饰四道凹旋纹。

陶杯 1967

口径 6.7、底径 6.2、高 12.9 厘米

现藏吴中博物馆

泥质黑衣灰陶。直口，圆唇，筒状深腹，下腹微鼓，平底，花瓣状圈足。

陶杯

3637

口径 7.6、高 13.8 厘米

现藏吴中博物馆

泥质橙黄陶，黑衣剥落严重，陶质较疏松。直口，圆唇，筒状深腹，中腹微鼓，平底，花瓣状圈足。

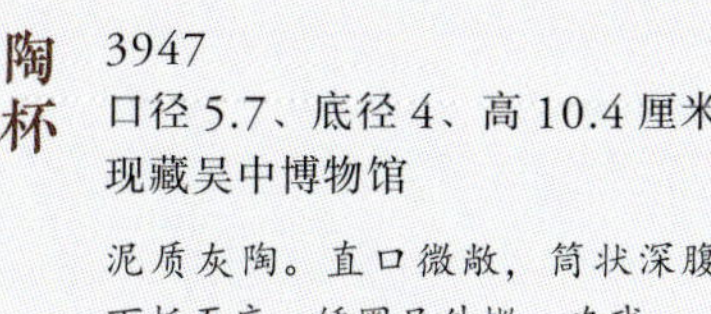

陶杯

3947

口径 5.7、底径 4、高 10.4 厘米

现藏吴中博物馆

泥质灰陶。直口微敞，筒状深腹下折至底，矮圈足外撇，略残。

陶壶

WCM2 ∶ 14
口径 5.5、底径 7.6、高 15 厘米
现藏南京博物院

泥质灰陶。敞口，细长束颈，鼓腹折收至底，圈足外撇。

陶壶

WCM3 ∶ 5

口径 5.8、底径 7.8、高 11.2 厘米

现藏南京博物院

泥质灰陶。敞口，束颈，溜肩，垂鼓腹，平底。

陶壶

WCM3 ∶ 10

口径 7、底径 6、高 10 厘米

现藏南京博物院

泥质红陶。敞口，高领，鼓腹弧收至底，花瓣状圈足。

陶壶 WCM4 ： 1
口径 5.2、底径 5、高 8 厘米
现藏南京博物院

泥质灰陶。口沿微缺，直口微敞，斜肩，折腹斜收至底，平底。

陶壶 WCTM5 ： 3
口径 6.3、底径 6.4、高 9.2 厘米
现藏南京博物院

泥质灰陶。敞口，高领，溜肩，垂腹，下腹折收至底，饼足内凹。

陶壶 WCM7：1
口径 7、底径 5.9、高 9.5 厘米
现藏南京博物院

泥质灰陶。直口，长颈向上渐收，鼓腹，下腹斜收至底，圈足。

陶壶 WCM12：1
口径 8.5、底径 7、高 14.5 厘米
现藏南京博物院

泥质红陶，大部分黑衣已脱落。长颈微侈，弧腹，圈足，足底为六瓣花瓣状。

陶壶

WCM12 ： 11
口径 5.6、底径 7.8、高 12.9 厘米
现藏南京博物院

泥质灰陶。敞口，束颈，斜肩，垂折腹，圈足略外撇。

陶壶

WCM12 ∶ 12
口径 6.7、底径 7.8、高 13 厘米
现藏南京博物院

泥质灰陶。敞口，束颈，溜肩，弧折腹，圈足。颈部饰数道凹旋纹。

陶壶

WCM14 ： 4
口径 7、底径 6、高 9 厘米
现藏南京博物院

泥质灰陶，陶衣脱落。直口，长颈，溜肩，弧腹，饼状底内凹。

陶壶

WCM16 ： 1
口径 6.6、底径 8.6、高 11.8 厘米
现藏苏州博物馆

泥质灰陶。尖唇，侈口，束颈，垂折腹，下部折腹渐收，圈足。

陶壶

WCM18 ：1
口径 6.7、底径 6、高 10.8 厘米
现藏南京博物院

泥质灰陶。敞口，束颈，溜肩，折腹，平底。腹中部饰两道弦纹。

陶壶

WCM20 ：7
口径 15.5、底径 5.6、高 9.5 厘米
现藏南京博物院

泥质灰陶。直口微敞，束颈，肩微折，折腹，平底。

陶壶 WCM26 ： 1
口径 7.2、底径 6、高 12.7 厘米
现藏南京博物院

泥质灰陶。敞口，长束颈，斜肩，折腹，花瓣状圈足。

陶壶

WCM29 ：5
口径 5.9、底径 6.7、高 14 厘米
现藏南京博物院

泥质灰陶。侈口，高领微束，斜肩，弧腹，平底。腹中部有一道凹旋纹，肩上部有一圈环状凸起。

陶壶 WCM29 ： 8
口径 7.5、底径 7、高 12 厘米
现藏南京博物院

泥质灰陶。敞口，束颈，弧折腹，平底。上腹部呈瓦棱状。

陶壶 WCM30 ： 10
残口径 7、底径 9.5、高 13.5 厘米
现藏吴中博物馆

泥质灰陶。口沿残缺，长颈向上渐收，圆弧肩，折腹，平底。折腹处饰一周绳索状凸棱。

陶壶

WCM31 ∶ 3
口径 6、底径 7.2、高 14.8 厘米
现藏南京博物院

泥质红陶。侈口，长颈向上渐收，折肩，折腹斜收至底，平底。上腹呈瓦棱状。

陶壶

WCM31 ∶ 7
口径 6.5、底径 7.5、高 10 厘米
现藏南京博物院

泥质灰陶。敞口，束颈，弧折腹，下腹斜收至底，平底。腹上有两道凸棱。

陶壶

WCM31 ：11

口径 6.5、底径 6.3、高 12.5 厘米

现藏南京博物院

泥质黑皮陶。口沿微缺，敞口，直颈，折肩，折腹斜收至底，椭圆形圈足。

陶壶

WCM34 ：1

口径 6.5、底径 7.5、高 12 厘米

现藏南京博物院

泥质灰陶。口沿微损，敞口，斜肩，垂折腹，圈足。腹部呈瓦棱状。

陶壶
WCM34 ： 4
口径 8、底径 5、高 13.5 厘米
现藏南京博物院

泥质灰陶。敞口微侈，束颈，折肩，弧腹，平底。上、下腹各一道弦纹。

陶壶
WCM34 ： 5
口径 9.8、底径 9.2、高 14.5 厘米
现藏南京博物院

泥质灰陶。敞口，束颈，溜肩，垂折腹，圜底近平，矮圈足。

陶壶

WCM34 ∶ 6
口径 7.7、底径 5.2、高 14.1 厘米
现藏吴中博物馆

泥质灰陶。敞口，束颈，折肩，折腹，圈足。肩与腹之间有一道凸棱，下腹有一道凹旋纹。

陶壶

WCM35 ：3
口径 6.8、底径 6.8、高 8.8 厘米
现藏南京博物院

泥质红陶。敞口，束颈，鼓腹斜收至底，四瓣式圈足。

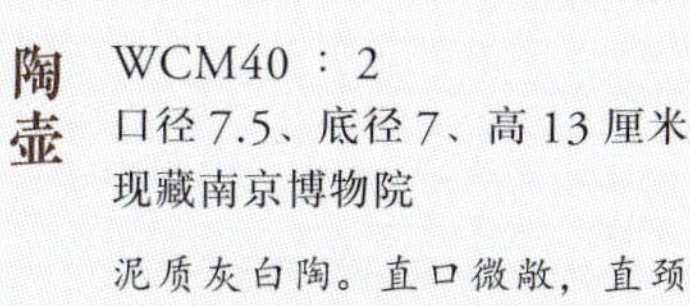

陶壶

WCM40 ：2
口径 7.5、底径 7、高 13 厘米
现藏南京博物院

泥质灰白陶。直口微敞，直颈，折腹斜收至底，花瓣状圈足。

陶壶 WCM46 ∶ 5
口径 7.2、底径 7.5、高 12 厘米
现藏苏州博物馆

泥质灰陶。直口，直颈，鼓腹，花瓣状圈足。盖呈覆钵形。

陶壶 WCM49 ∶ 8
口径 5、底径 10、高 11 厘米
现藏南京博物院

泥质灰陶。敞口，束颈，弧腹下垂至底，平底。

陶壶

WCM50：6
口径 6.4、底径 7.5、高 10.3 厘米
现藏南京博物院

泥质红陶，黑色陶衣大部分已剥落。敞口微侈，高颈，颈上部鼓突，溜肩，鼓腹，圈足。颈与肩交接处有一周凸弦纹。

陶壶 WCM58 ：6
口径 4.5、底径 5、高 9 厘米
现藏南京博物院

泥质红陶。敞口，束颈，溜肩，弧腹，圈足。颈部一圈凸起。

陶壶 WCM59 ：2
残口径 5、底径 4、高 6 厘米
现藏苏州博物馆

泥质红陶，黑皮大部分已脱落。口部残缺，鼓腹，圈足。

陶壶 WCM59 ∶ 3
口径 4.8、底径 3.6、高 9 厘米
现藏南京博物院

泥质灰陶。敞口，束颈，鼓折腹，下腹斜收至底，圈足。

陶壶 WCM59 ∶ 12
口径 6、底径 4.5、高 10 厘米
现藏南京博物院

泥质红陶，表面有一层黑衣。直口，弧腹略下垂，下斜收至底，圈足。腹上有两道凹痕。

陶壶 WCM82：1
口径 6、底径 6.8、高 10 厘米
现藏南京博物院

泥质灰陶。敞口，高领，弧鼓腹，圈足。腹部饰数道凹旋纹。

陶壶 WCM83：2
口径 8.3、底径 6.5、高 10.7 厘米
现藏苏州博物馆

泥质灰陶。斜直口，尖唇，高领，鼓腹，下腹渐收，圆饼形底，花瓣状圈足。

陶壶

WCM85：7
口径 7.2、底径 6.8、高 11 厘米
现藏南京博物院

泥质灰陶。敞口微侈，直颈微束，弧腹，圈足外撇。

陶壶

WCM86 ：1

口径 4.4、底径 4、高 8 厘米

现藏苏州博物馆

泥质红陶。直口，高领，斜折肩，折腹，平底。

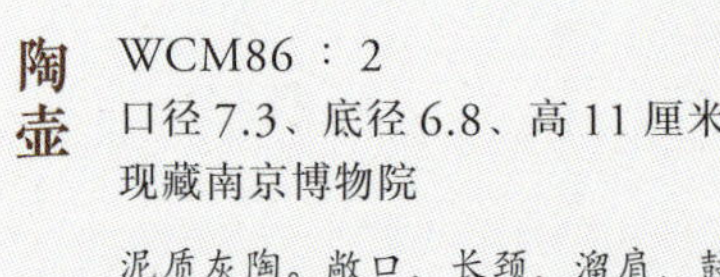

陶壶

WCM86 ：2

口径 7.3、底径 6.8、高 11 厘米

现藏南京博物院

泥质灰陶。敞口，长颈，溜肩，鼓腹，圈足。内有泥条盘筑痕迹。

陶壶

M87：3

口径 8、底径 9.4、高 18 厘米

现藏南京博物院

泥质红陶，外部呈灰色。敞口，束颈，弧折腹，平底。颈部堆饰一圈绳纹，腹部环刻勾叶纹，中部有一圈凸棱。

陶壶 WCM87 ：11
口径 7.7、底径 8.5、高 13.2 厘米
现藏南京博物院

泥质灰陶，外有黑衣。敞口，长颈微束，弧折腹，花瓣状圈足。

陶壶 WCM87 ： 15
口径 7.5、底径 8.4、高 13.5 厘米
现藏南京博物院

泥质灰陶。直口微敞，直颈，弧折腹，花瓣状圈足。

陶壶

WCM88 ： 6
口径 8.1、底径 5.3、高 14 厘米
现藏南京博物院

泥质红陶。直口，折肩，折腹，平底微凹。腹部有数道弦纹，折腹处饰四个鋬手。

陶壶 WCM88 ： 7
口径 7.8、底径 6、高 10.3 厘米
现藏南京博物院

泥质灰陶。直口微敞，鼓腹，花瓣状圈足。

陶壶 WCM90 ： 12
口径 7、底径 10、高 18 厘米
现藏南京博物院

泥质灰陶。长颈微侈，弧肩，弧腹，平底。

陶壶

WCM93 ： 4
口径 6.4、底径 5.5、高 9.8 厘米
现藏吴中博物馆

泥质红陶。敞口，束颈，弧折腹，平底略内凹。

陶壶

WCM93 ： 6
口径 8、底径 6.2、高 10.5 厘米
现藏南京博物院

泥质红陶，外有黑衣。盖呈覆碗状，子母口，盖顶原应有一纽，现残缺。壶直口微敞，圆鼓腹，花瓣状圈足。

陶壶

WCM95A ： 2
口径 5.6、底径 5.5、高 13.5 厘米
现藏南京博物院

泥质红陶。敞口，颈较粗，鼓腹微折，圈足。腹上有两道凸棱。

陶壶

WCM95B ： 7
口径 6.2、底径 4.5、高 7.7 厘米
现藏苏州博物馆

泥质灰陶。直口微侈，束颈，鼓腹，圜底，圈足。

陶壶 WCM96 ∶ 2
口径 5.5、底径 6.5、高 11.2 厘米
现藏南京博物院

泥质灰陶。敞口，束颈，斜肩，垂折腹，平底。上腹部有三道弦纹。

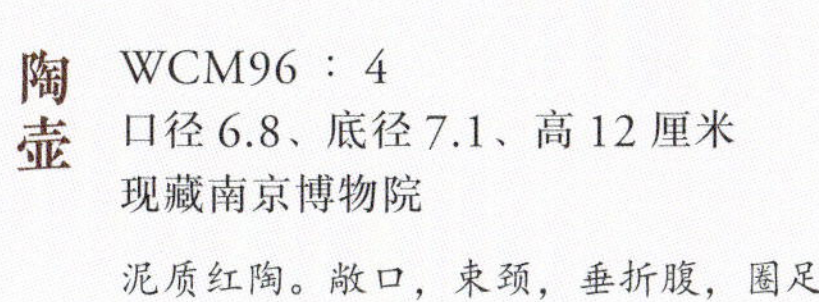

陶壶 WCM96 ∶ 4
口径 6.8、底径 7.1、高 12 厘米
现藏南京博物院

泥质红陶。敞口，束颈，垂折腹，圈足。

陶壶

WCT304M97 ： 9
残口径 6.1、底径 7.8、残高 10.1 厘米
现藏南京博物院

泥质红陶。口残，侈口，长颈，斜肩略平，弧折腹，平底。

陶壶

WCM97 ： 10
口径 6.8、底径 5.5、高 9 厘米
现藏南京博物院

泥质灰褐陶。直口微侈，束颈，溜肩，腹部饰一宽旋纹，圈足。

陶壶

WCM97 ： 11
口径 5、底径 5、高 7.8 厘米
现藏吴中博物馆

泥质灰陶。口微敞，圆唇，长颈，弧肩，折腹，圈足外撇，足微残。

陶壶

WCM99 ： 5
口径 7.3、底径 10.3、高 15.5 厘米
现藏南京博物院

泥质灰陶。敞口，束颈，弧腹略垂，平底。

陶壶 WCM100 ： 10
口径 6.5、底径 4.2、高 11.9 厘米
现藏苏州博物馆

泥质灰陶。侈口，颈微束，垂折腹，圜底。

陶壶 WCM110 ： 1
口径 5.5、底径 7、高 15.2 厘米
现藏苏州博物馆

泥质灰陶。圆唇，口微侈，细高颈，溜肩，鼓腹下斜收至底，平底。

陶壶

WCM112：10
口径 7.2、底径 6、高 9.7 厘米
现藏苏州博物馆

泥质灰陶。侈口，束颈，折腹，圜底。

陶壶

WCM118：1
口径 7、底径 6.7、高 15 厘米
现藏南京博物院

泥质灰陶。直口，直颈，弧折腹，平底。

陶壶 M119：1
口径 5.4、底径 6、高 9.6 厘米
现藏南京博物院

泥质灰陶。口残缺，长颈向上渐收，弧肩，弧折腹，平底微内凹。

陶壶 WCM130：2
口径 8.2、底径 8、高 11.5 厘米
现藏南京博物院

泥质灰陶。敞口，束颈，折腹，底内凹，花瓣足。腹上饰两道凸棱，棱间饰圆形和弧边三角组合图案。

陶壶 WCM166：2
口径7.8、底径6.2、高10.7厘米
现藏南京博物院

泥质灰陶。敞口，束颈，垂腹，圈足。

陶壶 WCM203：19
口径6.1、高12.4厘米
现藏南京博物院

泥质红陶。敞口，束颈，圆弧肩，下腹折收至底，圜底近平。

陶壶 WCT103：1
口径 6.2、底径 7、高 14.2 厘米
现藏苏州博物馆

泥质灰陶。侈口，尖唇，束颈，垂折腹，下腹部渐收，圈足。

陶壶 WCT202 ⑥
残口径 5、底径 4.5、残高 9 厘米
现藏南京博物院

泥质灰陶。口部残，长颈向上渐收，折腹，下腹斜收至底，圜底近平。

陶壶
WCT302：4
口径 5.8、底径 7.3、高 11 厘米
现藏南京博物院

泥质灰陶。敞口，束颈，垂折腹下斜收至底，平底。腹上部有两道宽凹旋纹。

陶壶
WCT603⑤：6
口径 5、底径 4.3、高 10 厘米
现藏南京博物院

泥质红陶。敞口，弧腹，平底。

陶壶 WCT604：1
口径6.5、底径6、高8.5厘米
现藏南京博物院

泥质灰陶。敞口，束颈，鼓腹，圈足。

陶壶 WCT604：8
口径7.1、底径6.8、高9.4厘米
现藏南京博物院

泥质灰陶。敞口，束颈，鼓腹，圈足略外撇。

陶壶 WCT604 ∶ 11
口径 5.5、底径 8.7、高 18 厘米
现藏南京博物院

泥质灰陶。小口，折沿，长颈向上渐收，圆鼓腹，平底。

陶壶 WCT604 ∶ 12
口径 5、底径 5.5、高 10 厘米
现藏南京博物院

泥质灰陶，外有黑陶衣。敞口，束颈，鼓腹，圈足。颈上有数道旋纹。

陶壶

WCT604③：29
口径 6.3、底径 8.3、高 18 厘米
现藏南京博物院

泥质灰陶。直口微敞，微束颈，弧折腹，平底。

陶壶

WCT604③：32
口径 6.5、底径 6.5、高 14 厘米
现藏南京博物院

泥质灰陶。敞口，长颈，弧折腹，矮圈足。肩部见数道阴刻弦纹。

陶壶 WCT604③：35
口径 9.1、底径 7、高 13.7 厘米
现藏南京博物院

泥质灰陶。敞口，束颈，垂腹，平底。

陶壶 WCT703②：5
口径 4.9、底径 3.7、高 8.9 厘米
现藏南京博物院

泥质灰褐陶。直口微侈，溜肩，弧腹下折收至底，圈足。

陶壶 WCM03 ：8
口径 7.4、高 11.9 厘米
现藏吴中博物馆

泥质橙黄陶，外施黑陶衣，剥落严重。侈口，方唇，长颈，折腹，平底。

陶壶 WCT802 采 M1 ： 3
口径 4.9、腹径 12.5、底径 6.7、高 13 厘米
现藏南京博物院

泥质灰陶。侈口，长颈，扁鼓腹，平底，矮圈足。肩及腹中部各饰三周压印短横条纹。

陶壶

WCT802 采 M1 ： 6
口径 7.8、腹径 12.2、底径 6.5、高 11.2 厘米
现藏南京博物院

泥质红陶。敞口，直颈，斜肩，折腹，小平底。

陶壶

1958
口径 8.5、底径 8.7、高 14.2 厘米
现藏吴中博物馆

泥质红陶，黑皮大部分已脱落。口沿外侈，束颈，鼓腹，下腹斜收，平底。自颈下至腹上部饰四周宽凹旋纹。

陶壶

1959

口径 6.4、底径 5.3、高 10.5 厘米

现藏吴中博物馆

泥质灰陶。直口，卷沿，直领，折腹外鼓，下腹斜收，圈足较矮。

陶壶 1960
口径 7.6、底径 5.5、高 8.8 厘米
现藏吴中博物馆

泥质灰陶。直口外侈，直领微束，溜肩，折腹，圈足。

陶壶 1965
口径 5.6、底径 4.7、高 9.0 厘米
现藏吴中博物馆

泥质灰陶。器形较为规整。直口微侈，圆唇，直领微束，溜肩，折腹下斜收至底，圈足。

陶壶 1968
口径 5.2、底径 5.5、高 9.3 厘米
现藏吴中博物馆

泥质红陶，器表残留部分黑衣。口沿微外侈，直领，溜肩，折腹下斜收，平底，圈足被切割成四片花瓣状。

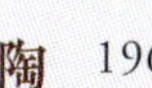

陶壶 1969
口径 6.5、底径 5.1、高 9.6 厘米
现藏吴中博物馆

泥质灰陶。直口，直领，鼓腹，腹部略呈椭圆形，圈足。

陶壶

1970
口径 6.3、高 10.9 厘米
现藏吴中博物馆

泥质灰陶。侈口，圆唇，高领，溜肩，垂折腹，平底，附四片花瓣状圈足，每瓣足上有一小圆孔。折腹处饰绳索状凸棱，并对置二个小鋬。

陶壶

1978

口径 8.7、底径 7.6、高 12.2 厘米

现藏吴中博物馆

泥质红陶，通体施黑衣。侈口，圆唇，高领，溜肩，鼓腹，下腹近底处折向明显，圈足微外撇。折腹处附加一周凸棱。

陶壶

1979
口径 6.4、高 11.1 厘米
现藏吴中博物馆

泥质灰陶，器表残有部分黑衣。口沿微侈，长颈，折腹下斜收，花瓣状圈足。折腹处饰一周竖向剔刻纹，四花瓣足之间以竖向线刻纹分隔。

陶壶

3924
口径 6.5、底径 7.8、高 14 厘米
现藏吴中博物馆

泥质灰陶，器表施红褐色陶衣，大部分已剥落。敞口，束颈，斜肩，折腹，圈足。

陶壶 3926
口径 7、底径 6、高 9 厘米
现藏吴中博物馆

泥质灰陶。侈口，圆唇，高领，鼓肩，弧腹，圈足。

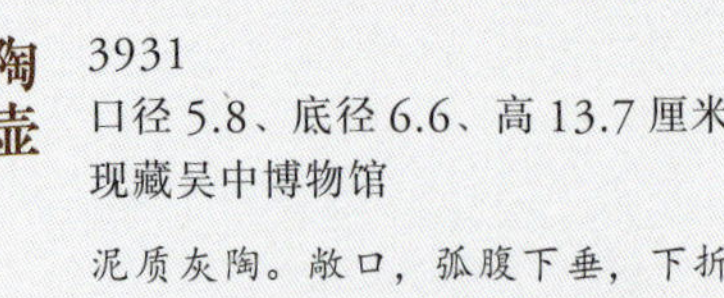

陶壶 3931
口径 5.8、底径 6.6、高 13.7 厘米
现藏吴中博物馆

泥质灰陶。敞口，弧腹下垂，下折收至底，圈足。下腹有数道凸棱纹。

陶盆 WCM1 ∶ 6
口径 21.6、高 4.6 厘米
现藏南京博物院

泥质灰陶。敞口，折沿微侈，浅腹斜收至底，圜底近平。

陶盆 M2 ∶ 2
口径 17.5、底径 7.8、高 4.5 厘米
现藏南京博物院

泥质红陶。敞口，折腹斜收至底，平底。口沿内壁下有一周凹旋纹。

陶盆 WCM3：3
口径 19.1、底径 8.5、高 8.1 厘米
现藏南京博物院

泥质灰陶。直口微敛，折肩，弧腹斜收至底，平底。

陶盆 WCM12：10
口径 20、底径 12、高 6 厘米
现藏吴中博物馆

泥质灰陶。敛口，折沿，折腹，平底。

陶盆 WCM20：5
口径 20、底径 9.5、高 9.3 厘米
现藏南京博物院

泥质灰陶。直口略敞，折肩，弧腹斜收至底，平底。

陶盆 WCM21：1
口径 17.6、底径 7.5、高 10.7 厘米
现藏吴中博物馆

泥质红陶。直口微敞，折肩，弧腹斜收至底，圜底略平。

陶盆
WCM30 ： 9
口径 20.5、底径 5.5、高 10 厘米
现藏南京博物院

泥质灰陶。直口略敞，折腹斜收至底，圜底近平。

陶盆
WCM82 ： 3
口径 21、高 7.7 厘米
现藏南京博物院

泥质灰陶。敞口，斜弧腹，圜底略平。

陶盆 WCM85 ∶ 12
口径 22、底径 9 ~ 10、高 6 厘米
现藏吴中博物馆

泥质黑皮陶，黑衣大部剥落。侈缘，直口，折腹斜收至底，平底。

陶盆 WCM88 ∶ 1
口径 22.2、底径 10.1、高 5.5 厘米
现藏吴中博物馆

泥质灰陶。敞口，折沿，弧腹斜收至底，平底。

陶盆 WCM97：7
口径 18.8、底径 6.9、高 5.3 厘米
现藏南京博物院

泥质灰陶。敞口，上腹内凹，下腹斜收至底，圜底略平。口沿处有两个圆形穿孔。

陶盆 M113：1
口径 21.3、高 7 厘米
现藏吴中博物馆

泥质红陶。敞口，弧腹斜收至底，圜底。

陶盆

1957

口径 20.4、底径 10.7、高 6.1 厘米

现藏吴中博物馆

泥质灰陶。敞口，圆唇，弧腹斜收，平底。

陶盘

WCM59 ：5

口径 17.6、底径 13、高 2.5 厘米

现藏南京博物院

泥质红陶，外施黑衣。敞口，浅斜腹，圈足内收。

陶钵 WCM93 ：2
口径 11.2、底径 7、高 7.5 厘米
现藏南京博物院

泥质灰陶。敛口，弧腹斜收至底，平底中间略向外凸。

陶钵 WCT803
口径 13.2、底径 11.1、高 6.7 厘米
现藏南京博物院

泥质灰陶。敛口，鼓腹，圈足。足上镂三组圆孔，每组均两孔。

陶钵 1944
口径 12.6、高 6.8 厘米
现藏吴中博物馆

夹细砂红陶，上腹部施红陶衣。敛口，尖唇，溜肩，扁鼓腹，平底。肩部有两条錾，錾上各穿一竖向小孔。底部有绳纹印痕。

陶盉

WCM2 ： 12

通长 18、通宽 11、通高 12 厘米

现藏南京博物院

夹砂红陶。小圆形敛口，不规则圆腹，腹部有一牛角状把手，平底。

陶盉 WCM60 ∶ 15
口径 6.9、底径 11.3、高 20.8 厘米
现藏南京博物院

泥质灰陶。敞口偏于一侧，高颈，圆鼓腹，肩上有一断鋬，平底。

陶盉 WCT802 采 M1 ：7
口径 5.1、底径 10.5、高 11 厘米
现藏南京博物院

泥质红陶。侈口，短颈略束，溜肩，垂腹，平底，侧把残缺。

陶匜 WCM203
口径 19、高 8.5 厘米
现藏吴中博物馆

泥质灰陶。敛口，弧腹，圜底近平。口沿一侧装有一流，口沿下饰数道凸弦纹。

陶匜
T802采M1：4
口径18.2、底径9、高6.3厘米
现藏吴中博物馆

泥质灰陶。敛口，弧腹，平底。口沿附二对双孔耳，另侧附一弧形流，流的对侧有一短直鋬。

陶匜
WCT202⑤：5
口径15.3、底径7.8、高8.2厘米
现藏南京博物院

泥质灰陶。敛口，一侧有流，折肩，斜弧腹，平底。

陶壶形器

WCM88 ：5
口径 6.8、底径 10.6、高 18.2 厘米
现藏苏州博物馆

泥质灰陶。直口，子母口，高颈，腹部微向外弧，平底。颈部饰席纹，间以星状镂空纹饰，底部纹饰相同。

陶兽形器

WCM8：3
长 20、口径 4.5×6.5、高 10 厘米
现藏南京博物院

泥质灰陶。器身扁圆，呈兽形，腹部两面均有三角形和圆形镂孔，下腹设有四足，尾部上翘。此抽象的器物造型反映出新石器时代陶工高尚的审美情趣和纯熟的成型技艺，较为罕见。

陶器盖

WCM3 ：1
口径 13、捉手纽径 3.5、高 4 厘米
现藏吴中博物馆

泥质灰陶。覆盘状，上有圈足形捉手。

陶器盖

WCM41 ：6
口径 9、高 3.2 厘米
现藏苏州博物馆

泥质灰黑陶。圆盘形，上设圆形捉手。捉手上置圆形、三角形纹饰。

陶器盖

WCM85：5

口径 17.8、高 7.2 厘米

现藏南京博物院

夹砂红陶，质地粗疏。覆碗状，敞口，平沿，子母口，双头纽，中间有一指捺印。

陶器盖

WCM99 ： 11
口径 12.6、高 6.4 厘米
现藏苏州博物馆

夹砂红陶。斗笠形，上有一捉手。

陶纺轮

1972

①直径4.3、孔径0.6、厚2.3厘米，②直径3.6、孔径0.4、厚1.2厘米

现藏吴中博物馆

一为夹细砂红陶，扁鼓形，两面皆平，中间穿一孔，孔壁露胎，中腹部微起棱，表面有磨损痕迹。另一件为乳白色（滑石？白垩？），圆饼形，两面皆平，中间穿一孔，孔壁垂直。

陶纺轮

1973

直径4.7、孔径0.5、厚1.25厘米

现藏吴中博物馆

夹细砂红陶。馒头形，一面扁平，一面圆凸，中心穿一孔。

陶球

1924
直径 4 厘米
现藏吴中博物馆

泥质红陶。圆球体，球心穿一孔。

良渚文化遺物

LIANG ZHU

良渚文化遺物

玉琮 WCT303M1：1

高 5.1 厘米，射径纵 3.1、横 3.2 厘米，孔径上 1.3、下 1.2 厘米

现藏南京博物院

黄白色。长方柱体，两端平，中部穿圆孔，孔径上大下小。琮体四面饰有对称兽面形刻纹共八组。通体磨光。

玉琮

WCT203M198：1

高 17.2 厘米，射径纵上 7.4、纵下 6.6、横上 7.4、横下 6.6 厘米，孔径上 5.8、下 5.3 厘米

现藏南京博物院

青绿色，有部分褐斑。整体呈长方柱体，上大下小，外方内圆，中对钻圆孔。琮体四面以竖槽分为两凸块，以横槽分为六节。每节以边角为中线，上方两条平行凸起的横棱表示羽冠，中部两个圆圈表示眼睛，下方边角上凸横档表示鼻翼，整体象征简化人面纹。通体磨光。

小玉琮

WCT203M198 ： 16

高 1.8、射径 1.3、孔径 0.5 厘米

现藏南京博物院

鸡骨白色。长方柱体，外方内圆，两端平，中部对钻圆孔，孔径外大内小。四棱略短于器身，有对称兽面形刻纹上、下各两组。通体磨光，是良渚文化小型玉琮中较为精致的一件。

玉琮

WCT203M198 ： 21

高 18.5、射径上 7.4、下 7.7 厘米

现藏南京博物院

青绿色，泛白。长方柱体，外方内圆，中有对钻圆孔。琮体每面由竖槽分为两凸块，以横槽分为七节。每节以边角为中线，上方两条平行凸起的横棱表示羽冠，中部两个圆圈表示眼睛，下方边角上凸横档表示鼻翼，整体象征简化人面纹。通体磨光。

玉琮

WCT203M199 ： 2

高 18.2 厘米，射径上 7.4、下 7.7 厘米，孔径 5.2 厘米

现藏南京博物院

青绿色，有部分褐斑。长方柱体，外方内圆，两端平，下部稍窄，中部对钻圆孔，孔径外大内小。四棱略短于器身，六节，琮体四面有对称兽面形刻纹共二十四组。通体磨光。

玉琮

M199 ： 9

高 31.2 厘米，射径上 7.7、下 6.0 厘米，孔径上 5.6、下 5.1 厘米

现藏苏州博物馆

茶褐色。为上大下小的高方柱体，外方内圆，中孔系对钻而成。琮体外分为十二节，共饰以简化人面纹四十八组。由于长期受沁，器身代表眼睛的小圆圈仅在第二节一面左侧处留存一个，直径 3.5 毫米。此器是草鞋山遗址出土节数最多、器最高的长琮。

小玉琮

1939
残高 2.6 厘米
现藏吴中博物馆

残断。器形较小，外形如柱，柱心自上而下贯穿圆孔。器表饰两组弦纹带和多组兽面图案。

玉琮

1991
高 17.3 厘米，孔径上 5.5、下 5.2 厘米，射高上 1.3、下 1.5 厘米
现藏吴中博物馆

淡青色，有红褐色及墨绿色斑纹。整器呈长方柱体，上大下小，外方内圆，中有对钻圆孔，孔壁留有旋纹与台痕。器体上、下两端有方形射口。四面各以竖向凹槽一分为两个凸面，并以横槽分为五节。每节以边角为中线，以上端两道细阴线为羽冠，两侧小圆圈为眼，下端转角小凸方块为鼻，分饰四组简化人面纹。

小玉琮

2006
通高 4.78、射径上 1.74、下 1.64、孔径 0.75 厘米
现藏吴中博物馆

灰白色。形体较小。外形如柱，截面呈圆角方形，柱心自上而下贯穿圆孔。器表分上、下两节，每节均是上部为三组弦纹带，下部为一组兽面图案。兽面图案以转角为中心，象征两只眼睛的单圆圈分布在相邻两面的居中部位，象征鼻子的横椭圆形凸面由转角一分为二，相邻兽面共用一个单圆圈作为一只眼睛。

玉璧

WCT203M198 ： 15
直径 16.1、孔径 4.3、厚 1.3 厘米
现藏南京博物院

青绿色，杂有黑褐色斑。扁平圆形，中部一对钻圆孔。器缘不甚规整。通体磨光。

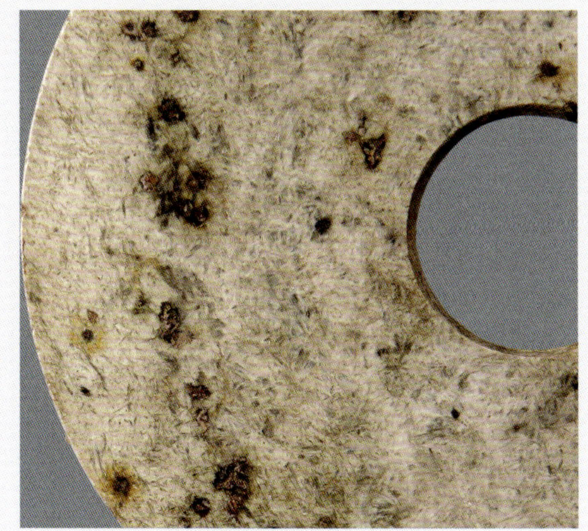

玉璧

WCM199 ∶ 15
直径 21.2、孔径 4.5、厚 0.8 厘米
现藏南京博物院

青褐色泛白，有褐斑，色泽晶莹，有颗粒状红褐色圆斑。扁平圆形，中有一对钻圆孔。孔壁留有一周均匀的台痕，有大致平行的弧形切割痕，似为圆锯铊痕；背面无数线纹纵横交错，多数呈放射状白砂粒擦痕。

356A

玉璧

1900
直径 19.7~21.8 厘米（共 4 件）
现藏吴中博物馆

一件墨绿色，杂褐色沁斑；一件灰青色，杂褐色沁斑；一件灰白色，沁蚀较重；一件灰绿色，杂黑色斑。均扁平圆形，中部一对钻圆孔，孔壁留有旋纹与台痕，周缘不甚规整。

玉璧

1941
直径 17.3、孔径 4.2、厚 1.2 厘米
现藏吴中博物馆

粉青色，有墨绿色斑纹。扁圆形，中有一对钻圆孔。器表琢磨光滑。

玉璧

1992

直径21.1、孔径4.6、厚1.45厘米

现藏吴中博物馆

淡青色，有深绿色及黄褐色斑块。扁平圆形，中部一对钻圆孔，孔壁留有旋纹与台痕。器形不太圆整，厚薄不匀，表面琢磨光滑。

玉璧

1999

直径 25.9、孔径 5.4、厚 1.7 厘米

现藏吴中博物馆

淡青色，有墨绿斑，局部有灰白色沁。扁平圆形，中有一对钻圆孔，孔壁留有细旋纹与台痕。璧形圆整，器身光洁，一面上刻有纤细的图案符号。该符号整体外廓近似梯形，上下端平直，两侧略内弧（上宽1.3、下宽1.4、高1.6厘米），其内纵列三道纤细直线，且于中上部两条纵线间又置一直径0.3厘米的小圆圈。整个图案颇似穿孔之钺，因此我们暂称之为“钺形刻符”。

玉璧

2004
直径 17.2、孔径 3.9~4.25、厚 1.2~1.5 厘米
现藏吴中博物馆

淡青色，有暗绿色斑纹。扁平圆形，中部一对钻圆孔，孔壁有旋纹与台痕。器缘不甚规整，厚薄不一，器表光滑。

玉钺 3853

长 16.8、孔径 1 厘米

现藏吴中博物馆

平面呈长方形，弧刃，上部有一对穿小圆孔。钺身中部稍厚，后端平。磨光。

玉冠状饰

1927
长8、高5厘米
现藏吴中博物馆

灰白色。扁平倒梯形，顶边两角外翘，侧边斜弧，下端凹弧内收。顶端对称锯割出两段凹形缺口，使中间形成凸面，似冠顶状。下端有扁榫，上有三个等距分布的小孔。正面居中饰简化兽面纹，背面刻神人面纹。

玉锥形器

WCT202 ∶ 3
长 3.7、宽 0.6 厘米
现藏南京博物院

牙白色。作方锥体，上端作圆钝尖，下端出榫，中有一穿，双面对钻而成。上部较肥。抛光甚精。

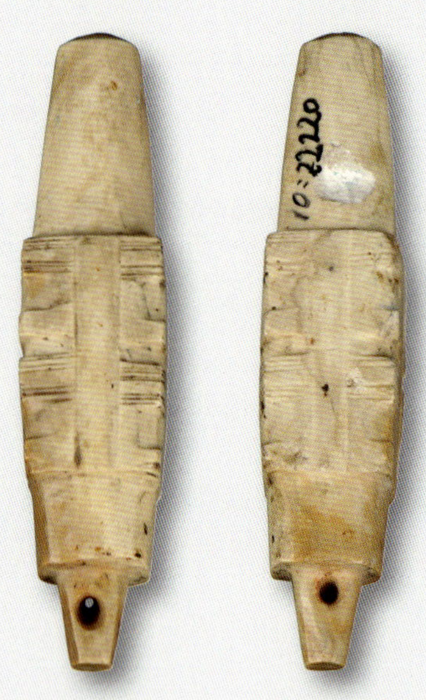

玉锥形器

WCT803 采∶ 75
长 6.3 厘米
现藏南京博物院

黄白色。锥形坠状，中部凸起为长方琮形，四棱有兽面形刻纹，穿孔小纽。磨光。

玉锥形器

1910
一长15.3厘米，另一件长7.5厘米
现藏吴中博物馆

两件均断裂，一长一短。长件为长方形柱体，上端攒尖，下端有小柄。短件为圆柱状，上端攒尖，下端有小柄，柄上对钻一小孔。

玉锥形器

1911
直径0.9厘米
现藏吴中博物馆

残断为数截。鸡骨白色。应有多件，其中两段可见下端小柄。

玉锥形器

1940

长 6.7 厘米

现藏吴中博物馆

鸡骨白色，有墨绿色斑块。长方形柱体，上端攒尖，下端有小柄，柄上有一小穿孔。

玉锥形器

1993

长 8.05、直径 2 厘米

现藏吴中博物馆

圆柱状，上端攒尖，下端有小柄，柄上对钻一小孔。

玉锥形器

3849

最长 14.3、最短 4.9 厘米（一组）

现藏吴中博物馆

两件米色上有部分褐斑，另三件乳白色。圆柱状，上端收成圆锥状，下端有一穿孔。通体磨光。

玉锥形器

3854
残长 4.2 厘米
现藏吴中博物馆

乳白色。圆柱状，下端有一圆形穿孔。磨光。

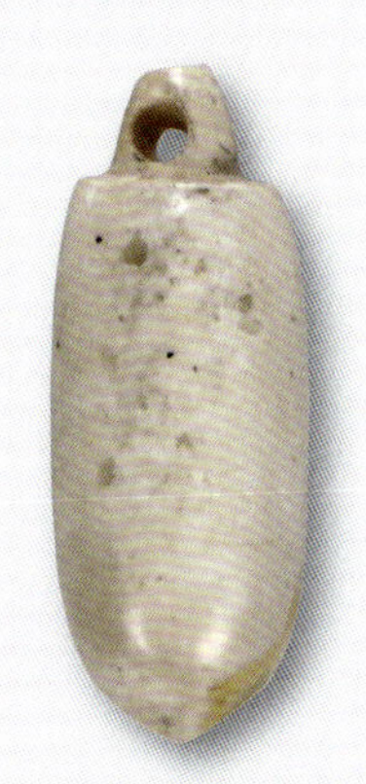

玉坠饰

WCM198I ：26
长 2.2 厘米
现藏吴中博物馆

乳白色。圆柱状，下端收成圆锥形，上端有一穿小孔纽。

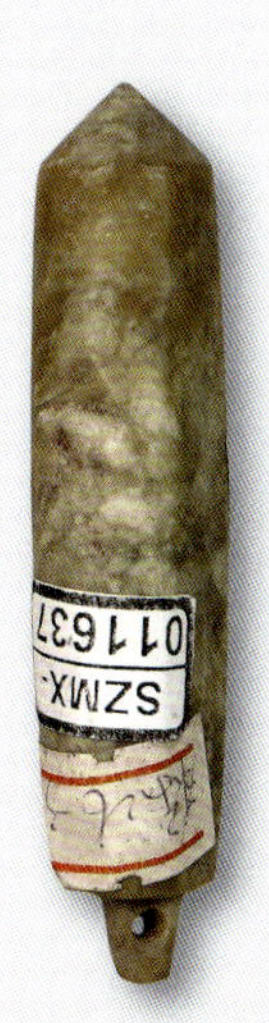

玉锥形器

标 26-1、标 26-2、标 26-3、标 26-4
最长 9、最短 7.5 厘米
现藏苏州博物馆

乳白色，有黄斑。顶端圆锥形，中段光素无纹，尾端有小柄，上有一对钻小孔。

玉璧形饰

WCT202 ∶ 03
直径 1.8 厘米
现藏南京博物院

青玉，失透。扁圆形，中间有一穿孔，单面钻成。器形规整，琢磨较精。

玉璧形饰

3870
直径 4.1、厚 0.7 厘米
现藏吴中博物馆

米黄色，部分蚀为白色。扁圆形，中穿孔偏离中心，为双面对钻，可系佩。

玉璜

WCT203 ∶ 8
残长 5.5、高 3 厘米
现藏南京博物院

米黄色，失透。半璧形，身扁平，两端各穿一孔，一孔单面钻，一孔双面钻，孔较大。

玉管

WCT203M198 ∶ 19
长 4.1、直径 1.9、孔径 0.7 厘米
现藏南京博物院

乳白色。圆柱形，两端平，中部有一圆孔。磨光。

玉管

WCT703 ∶ 02
长 4.4、直径 2 厘米
现藏南京博物院

青玉，失透。圆柱形，中心钻孔双面对钻，上端稍小，一侧磨一斜面。

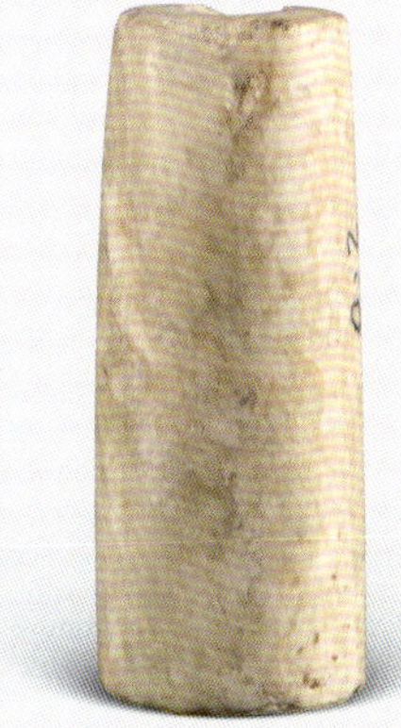

玉管

1995
长 3.05、长径 1.85、短径 1.4 厘米
现藏吴中博物馆

乳白色，半透明。管体如短柱，截面近似圆角方形，中心穿孔呈漏斗状，为双面对钻而成。

玉管

3855
长 2.7、直径 1.3、孔径 0.5 厘米
现藏吴中博物馆

乳白色。圆柱形，两端平，中部有一圆孔。磨光。

玉管

3865

长 3.9、直径 1.5、孔径 0.8 厘米

现藏吴中博物馆

乳白色。圆柱形，两端平，中有一对穿孔，孔径外大内小。磨光。

玉管

3869

长 1.4、直径 1、孔径 0.45 厘米

现藏吴中博物馆

青玉，表面已蚀。圆筒状，中心钻孔为双面对钻而成。

玉饰

3871

长 4.2、直径 0.7 厘米

现藏吴中博物馆

青玉。略呈圆柱形，上小下大，顶端穿一浅孔，两侧对穿一孔，三孔相连。琢磨较精。

玉镯 WCT203M198：17

外径8、孔径6.2、宽2厘米

现藏南京博物院

白色。圆环形，剖面呈长方形。磨光。

玉镯

WCT203M200 ∶ 4
外径 6.9、孔径 5.5 厘米
现藏南京博物院

青绿色。圆形，剖面呈长方形。磨光。

玉镯

T903：01
外径 9、孔径 5.9 厘米
现藏南京博物院

鸡骨白色，失透。圆环形，厚薄不均。琢磨较精。

玉镯

1928
残长 8.5 厘米
现藏吴中博物馆

淡青色，有墨绿色斑块，局部有钙化现象。环面磨制光滑。

玉珠 WCT203M198 ：12
直径 1.3 厘米
现藏南京博物院

白色微黄。扁圆形，上端有两斜直对穿小孔。通体磨光。

玉珠 WCT203M199 ：16
长 1.5 厘米
现藏南京博物院

乳白色。卵圆形，两端平，中有一对穿孔。磨光。

玉珠 T803 ：03
长 1.6 厘米
现藏南京博物院

鸡骨白色，失透。鼓形，两端平，中穿一孔。

玉珠 2005
长 0.7-2.1、外径 0.7-1.5 厘米
现藏吴中博物馆

灰白色。有鼓形、圆柱形两种。中有一孔，对钻而成。

玉珠 3856
长 1.2~1.5 厘米
现藏吴中博物馆

白色。卵圆形，中有一对钻圆孔。磨光。

玉珠 3857
长 1.4 厘米
现藏吴中博物馆

白色。卵圆形，两端平，中有一对钻孔。磨光。

玉珠 3858
长 0.9 厘米
现藏吴中博物馆

乳白色。椭圆形，中有一对钻孔，孔径外大内小。磨光。

玉珠 3859
长 1.1 厘米
现藏吴中博物馆

乳白色。卵圆形，两端平，中有一对钻孔，孔径外大内小。磨光。

玉珠 3861
长 1.3 厘米
现藏吴中博物馆

乳白色。卵圆形，两端平，中有一对钻孔。磨光。

玉珠 3862
长 1.3 厘米
现藏吴中博物馆

乳白色。卵圆形，两端平，中有一对钻孔。磨光。

玉珠 3864
长 0.9-1.5 厘米
现藏吴中博物馆

乳白色。其中两粒扁圆形，七粒腰鼓形，均为两端平，中有对钻圆孔；另两粒球形，一侧有两个斜直对钻孔。磨光。

玉隧孔珠 T803 ： 02
直径 1.6 厘米
现藏南京博物院

白色。器为圆中显方，上、下均为平面，一面钻两孔，且两孔相连。琢磨较精。

玉料 WCT203M199 ： 12
长 1.3、宽 1.2 厘米
现藏南京博物院

乳白色。块状。

石钺

WCT203M198 ∶ 14
长16.5、刃宽9.8、孔径4厘米
现藏南京博物院

平面呈长方形，圆角弧刃，上部对钻一孔，孔径较大。钺身前宽后窄，中部稍厚，后端平弧形角。通体磨光。

石钺

WCT202 ∶ 9

长 16.3、宽 16.3、厚 0.6、孔径 4.2 ~ 4.4 厘米

现藏苏州博物馆

青灰色，磨制。平面呈梯形，平顶，圆弧刃，上部穿孔较大，双面对钻而成。

石钺

1902
长 9.4、宽 8.8 厘米
现藏吴中博物馆

灰黄色。平面近梯形，中心较厚，刃部弧凸，中上部有一圆形穿孔，孔壁有对钻台痕，孔壁及一面孔侧残留宽带状朱彩痕。除顶部留有打制痕迹外，其他部位磨制充分，侧边和刃部出现明显的刃缘脊线，形成了近似大小相套的外观。

石钺

1903

长 13.5、宽 9 厘米

现藏吴中博物馆

灰白色。残碎。整器呈"风"字形，上窄下宽，残存刃部可见为弧刃，中上部有一穿孔。通体磨制光滑。

石钺

1904
长 12.5、宽 10.2 厘米
现藏吴中博物馆

灰褐色。残碎。整器呈“风”字形，上端近平，下为弧刃，中上部有一对钻孔。

石钺

1905

残长12、宽12.5厘米

现藏吴中博物馆

灰褐色。残碎。平面近梯形，上端略残呈弧形，下为弧刃，中上部有一对钻孔。通体磨制光滑，整器器表光滑。

有段石锛

1898

①长 5.2、宽 3 厘米，②长 4.8、宽 2.4 厘米

现藏吴中博物馆

两件，一大一小。平面均呈长方形，上端微平，单面刃，背面略呈弧形。大件器身较厚；小件器身扁薄，背面上部减地成段，刃口残损。

石锛

1913

长 3.6~8.5、宽 2.5~6.2 厘米（四件）

现藏吴中博物馆

大小不一，每件均有不同程度磕缺，其中一件刃口残。平面均呈长方形，单面刃，其中有两件背面上部减地成段。

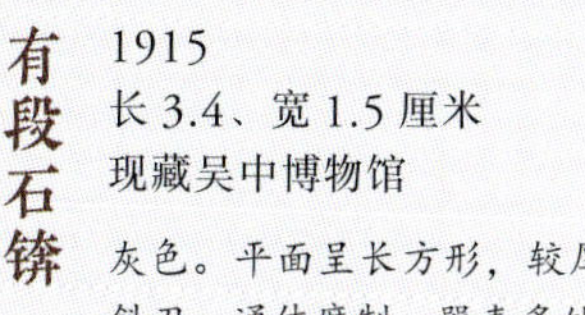

有段石锛

1915

长 3.4、宽 1.5 厘米

现藏吴中博物馆

灰色。平面呈长方形，较厚，单面斜刃。通体磨制，器表多处磕损。

小石锛

1935

长 3、宽 1.4 厘米

现藏吴中博物馆

青灰色砂岩质，通体磨光。形体小巧，扁平长方形，单面平刃，背面中下部减地成段。

有段石锛

1948
长 8.1、厚 1.9、刃宽 3.1 厘米
现藏吴中博物馆

黄褐色。长条形，单面刃，背面上部减地成段。通体磨光。

有段石锛

1951

长7.6、厚1.6、刃宽2.8厘米

现藏吴中博物馆

器呈长条形，单面刃，背面上部减地成段。通体磨光。

有段石锛

1952

长 6.8、厚 2.0、刃宽 3.6 厘米

现藏吴中博物馆

黑色砂岩。单面刃，断面呈长方形，背面中部减地成段。通体磨光。

石凿

WCT303（3B）：2
长 10.5、宽 2.8、厚 2.3 厘米
现藏吴中博物馆

灰白色。长条状，刃部微钝。

石凿

1945

长 28.1、宽 3、厚 3.2、刃宽 2.4 厘米

现藏吴中博物馆

灰色。体形瘦长，线条分明，平面呈长方形，方平顶，单面刃，正面平直，背面近顶端减地成段。

石凿

1914
长 13.3、宽 4.4 厘米
现藏吴中博物馆

灰色。平面近长方形，剖面近三角形，顶端宽厚，刃端窄扁，双面斜刃。器表有较多打琢疤痕。

石管

WCT504 ： 1
长 3.8、直径 0.9 厘米
现藏南京博物院

青灰色。圆筒状，中心钻孔双面对钻而成。

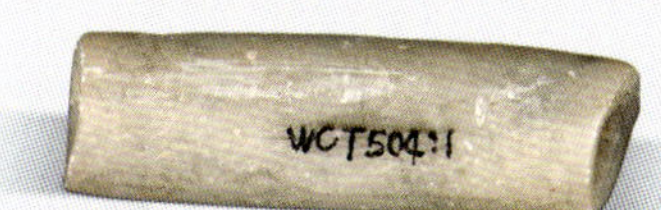

石刀

2000
长 13.7、厚 0.5、刃宽 14 厘米
现藏吴中博物馆

灰色。造型规整。圆弧刃，凹弧背，弧边内收，翼角起翘，背中部起凸榫，榫下有一圆形穿孔。磨制精细，器表不见使用磨损痕迹。

石犁头

74WC 采：9
长 27.1、最宽 20.4、最厚 1.9、孔径 1.6 厘米
现藏苏州博物馆

灰色。器形较大，整体呈锐角三角形，中间有一穿孔，一侧有刃。磨制。

带盖陶鼎

WCT203M198 ： 2

口径 26.9、腹径 23.3、盖高 6.4、通高 25 厘米

现藏南京博物院

夹砂红陶，盖内外壁有黑衣，但已脱落。盖弧形，盖沿平，上附桥形纽，面微凹。盖面刻划阴线花卉纹、复线曲折纹。鼎敞口，直腹，弧形底，“T”形高足，足下端平。腹壁和足的正面上端有凹旋纹，足内侧中部有新月形和圆形镂孔。

陶鼎 WCT203M198：2

口径 17.5、腹径 16.7、高 14.5 厘米

现藏南京博物院

夹砂红陶。侈口，短平折沿，鼓腹，圜底，“T”形足。两足足端一侧有不规则划纹。

带盖陶鼎

WCT203M198 ： 3
腹径 16.6、盖高 4.7、残高 15 厘米
现藏南京博物院

夹砂红陶。盖覆盆形，圈足状捉手。器身折沿，直腹，圜底，凿形足。

陶鼎

WCT203M198 ： 4
口径 15.8、腹径 15.6、高 17.5 厘米
现藏南京博物院

夹砂红陶。敞口微侈，束颈，鼓腹，圜底，鱼鳍形足。内腹壁中部有隔挡一周。

陶双鼻壶

WCT203M198 ∶ 6
腹径 13.7、足径 12.3、壶高 13 厘米
现藏南京博物院

泥质黑皮陶，外壁色较黑，胎较薄。倒豆形盖，敞口喇叭形，腹部束收，高圈足状捉手。壶身直口微敞，近口部对饰双鼻，残颈上口较小，下端渐外撇，颈面瓦棱形，扁鼓腹，圈足微撇，底弧形。颈和上腹部有阴线刻纹饰，足上端有瓦棱纹及小圆孔。

陶双鼻壶

WCT203M199 ∶ 3

口径 8.2、腹径 11.2、足径 10.3、盖高 4.6、通高 19.8 厘米

现藏南京博物院

泥质黑皮陶，内外壁施黑衣，薄胎。斗笠式盖，喇叭形捉手，盖面一侧有两个小圆孔。壶身侈口，靠近口沿部对饰双鼻，束直长颈，扁鼓腹，圈足外撇。足面有三周凸弦纹和长方形镂孔。

陶双鼻壶

WCT203M199 ： 4
口径 7.8、腹径 11.6、足径 10.5、盖高 4.2、通高 17.7 厘米
现藏南京博物院

泥质黑皮陶，内外壁施黑衣，薄胎。斗笠式盖，喇叭形捉手，盖面一侧有两个小圆孔。壶身侈口，靠近口沿部对饰双鼻，束直长颈，扁鼓腹，圈足外撇。足面有三周凸弦纹和对称长方形镂孔四个。

陶双鼻壶

WCT203M199：5
口径 7.8、腹径 11.4、足径 10.5、盖高 3.6、通高 17.1 厘米
现藏南京博物院

泥质黑皮陶，内外壁施黑衣，薄胎。斗笠式盖，喇叭形捉手，盖面一侧有两个小圆孔。壶身侈口，靠近口沿部对饰双鼻，束直长颈，扁鼓腹，圈足外撇。足面饰三周凸弦纹，间有长方形镂孔。

陶双鼻壶

WCT203M199：26
口径 6.8、腹径 10.3、足径 9.1、盖高 3.4、通高 17.1 厘米
现藏南京博物院

泥质黑皮陶，内外壁施黑衣，薄胎。斗笠式盖，喇叭形捉手。壶身侈口，靠近口沿部对饰双鼻，束直长颈，扁鼓腹，圈足外撇。口沿下饰弦纹，颈部饰阴线细刻的竖向曲折纹。

陶双鼻壶

WCT203M200 ∶ 1

口径 9.2、腹径 12.8、足径 11.8、盖高 5.2、通高 20.8 厘米

现藏南京博物院

泥质黑皮陶，内外壁施黑衣，薄胎。斗笠式盖，喇叭形捉手，盖面一侧有两个小圆孔。壶身侈口，靠近口沿部对饰双鼻，束直长颈，扁鼓腹，圈足外撇。

陶双鼻壶

WCT203M200 ：2
口径 8.1、腹径 12.3、足径 11.6、壶高 15.6 厘米
现藏南京博物院

泥质黑皮陶，内外壁施黑衣，薄胎。斗笠式盖，喇叭形捉手，盖面一侧有两个小圆孔。壶身侈口，靠近口沿部对饰双鼻，束直长颈，扁鼓腹，圈足外撇。

陶双鼻壶

分类号 10 ： 22207
口径 6.8、高 8.4 厘米
现藏南京博物院

泥质黑皮陶，内外壁施黑衣，薄胎。斗笠式盖，喇叭形捉手，盖面一侧有两个小圆孔。壶身侈口，靠近口沿部对饰双鼻，束直长颈，扁鼓腹，圈足外撇。颈部细线刻画鸟纹，环足面三周凸弦纹，间有长方形镂孔。

陶簋

WCT203M199 ： 9
口径 18.8、足径 10、高 15 厘米
现藏南京博物院

夹砂红陶。敞口，短平折缘，深斜腹渐收，圜底，矮圈足，足下端外撇。腹上部近口沿处和颈部各有一周凸棱，腹中部有复线交叉纹。

陶簋

3645

口径 14.1 × 15.1、高 13.2 厘米

现藏吴中博物馆

泥质黑皮红陶，器表及内壁施黑衣。口沿微侈，腹较深，上腹直壁，下腹弧收，圈足较矮。上腹饰四道凹旋纹。

陶罐 WCM106 ： 4
口径 5.6、底径 5.7、高 8.7 厘米
现藏苏州博物馆

泥质红陶。敛口，鼓腹，平底内凹。

陶罐

WCT203M198 ∶ 11
口径 10.9、腹径 15.1、底径 12、高 13.8 厘米
现藏南京博物院

泥质黑皮陶，内外壁施黑衣。敞口，束颈，圆弧肩，上腹鼓，下腹弧收，矮圈足。

陶罐

T202④A
口径20.5、底径17、高16厘米
现藏吴中博物馆

泥质黑皮陶。敞口，束颈，扁鼓腹，圜底，圈足略外撇。口沿有等距分布的三个猪鼻状鋬手，下腹部有一周凸棱纹，圈足上饰三周弦纹，并有长条形镂孔。

陶罐

WCTC04：147

口径10.9、底径8.2、高13.7厘米

现藏南京博物院

泥质灰陶。敞口略侈，束颈，鼓腹，平底内凹。

陶罐

3863

口径 20、腹径 28.8、底径 17、高 38.1 厘米

现藏吴中博物馆

泥质灰陶，内外壁黑衣大部分已脱落。小口，侈缘，高领，弧肩折收，长腹微鼓，下渐收，平底，矮圈足。肩腹处有一周凸棱，腹有数组复线弦纹和点线纹相互交替排列的纹饰。

陶豆

WCT203M198 ：5

口径 20、底径 14、高 13.8 厘米

现藏南京博物院

泥质灰陶，内外壁施黑衣，已剥落。口微敛，圆唇，喇叭形高足，足柄圆柱状。腹上部有一道折棱，柄的上部有凹旋纹，足面瓦棱状，上端有镂孔。

陶盆 WCT203M198 ∶ 9

口径 33.5、腹径 31.3、底径 22、高 10 厘米

现藏南京博物院

泥质黑皮陶，内外壁黑衣大部分已剥落。大直口，短平折缘，直腹折收，平底，矮圈足。腹呈瓦棱状。

陶盆 WCT203M198 ：10
口径 26.6、底径 19.7、高 8 厘米
现藏南京博物院

夹砂红陶，内外壁施黑衣，大部分已剥落。口微敞，斜折缘，弧收腹，圜底，矮圈足。

陶器盖

M198 ：27
口径 14、底径 4、高 5 厘米
现藏吴中博物馆

夹砂红褐陶。盖口外撇，形如覆碗状，顶上一圈足状捉手。

陶网坠

1923
长 5.6、宽 3.1 厘米
现藏吴中博物馆

泥质红陶。圆棒状，两端各有一圈竖向凹槽。

陶网坠

1974
长 6.8、宽 2.8、厚 1.7 厘米
现藏吴中博物馆

泥质红陶。圆棒状，两端各有一圈凹槽。

陶网坠

1975
长 6.8、宽 2.7、厚 1.7 厘米
现藏吴中博物馆

泥质灰褐陶。圆棒状，两端各有一圈凹槽。

DONG ZHOU

东周时期遗物

石铲 1897
长 9.3、宽 10.2 厘米
现藏吴中博物馆

青灰色。器身较厚。上部直把，侧边一侧弧形、一侧残缺，刃部缺损，残留刃部近平直。器身有多处打琢痕迹。

石镞 1909
残长 4.5、宽 1.7 厘米
现藏吴中博物馆

黄褐色。平面近长菱形，前端残缺，脊部凸起，身、铤界限明显。

石铲

1943
长13.5、刃宽9.2厘米
现藏吴中博物馆

青灰色。扁平三角形，双面刃，刃缘平直微弧，上带直把。除刃部磨制光滑外，其他部位打制痕迹明显。

陶罐

WCT604 ：3
口径 10.8、腹径 19.3、底径 14.2、高 11 厘米
现藏南京博物院

泥质红陶，外壁有黑衣。敛口，圆肩，扁鼓腹，平底。肩与上腹饰多周水波纹。

陶罐

74WCJ20 ：12
口径 7.8、高 11.3 厘米
现藏苏州博物馆

泥质灰黑陶。平口，丰肩，肩部设对称双耳，弧斜腹向下，平底，三小柱足。器身饰以八周凸弦纹。

陶盆

3883

口径 31、腹径 31.3、底径 17、高 8.2 厘米

现藏吴中博物馆

泥质黑皮陶。敛口，平折缘，斜肩，折腹，平底。缘面有两周凹旋纹。

陶纺轮

3909

直径 7.5、厚 1.2 厘米

现藏吴中博物馆

泥质红陶。圆饼状，一面稍小，中间有一圆形穿孔。有使用痕迹。

带盖印纹硬陶坛

WCT201 ： 5-2

口径 20.5、腹径 41.5、底径 23.3、通高 46 厘米

现藏南京博物院

紫褐色胎。器敞口，卷缘，卵圆形腹，中腰以下渐收，平底。肩腹部有几何压印纹。盖为覆盆形，泥质黑皮陶，黑衣大部分剥落。

带盖印纹硬陶坛

WCT201 ： 6

口径 22.5、腹径 43、底径 20.5、罐高 43、通高 45 厘米

现藏南京博物院

紫褐色胎。侈口，卷缘，卵圆形鼓腹，中腰以下渐收，平底。肩腹部有几何压印纹。盖为覆盆形，泥质黑皮陶，黑衣大部分脱落。

印纹硬陶坛

WCT102 ∶ 2
口径12、腹径16.2、底径11、高11厘米
现藏吴中博物馆

红褐色胎。敛口，折缘，鼓腹，平底。肩腹部压印小方格纹。

印纹硬陶坛

WCT201 ∶ 3
口径13.5、腹径21.1、底径16、高15.2厘米
现藏南京博物院

红胎。侈口，卷缘，短直颈，斜肩，鼓腹，下部渐收，平底。肩腹部压印编织纹。

印纹硬陶坛

WCT201 ：6

口径 14.1、腹径 26.6、底径 15.5、高 20.4 厘米

现藏南京博物院

紫褐色胎。敞口，圆唇，弧平肩，上腹鼓，下腹渐收，平底微内凹。肩腹部压印米筛样纹饰。

印纹硬陶坛

WCT201 ∶ 7

口径 17.2、腹径 28.3、底径 18、高 21.5 厘米

现藏南京博物院

紫褐色胎，胎较厚。敞口，缘微侈，弧肩，上腹鼓，下腹渐收，平底。通体压印米筛样纹饰。

印纹硬陶坛

WCT201 ： 14
口径 13.6、底径 13.7、高 16.2 厘米
现藏南京博物院

紫褐色胎。敛口，方唇，直沿，弧肩，腹下部渐收，平底。通体压印米筛样纹饰。

印纹硬陶坛

WCT304 Ⅱ：2
口径 9.2、腹径 14、底径 10.8、高 9.5 厘米
现藏吴中博物馆

灰褐色胎。敛口，圆肩，收腹，平底。肩部饰多道弦纹，腹部饰曲折压印纹。

印纹硬陶坛

WCT304 Ⅱ：2
口径 10、腹径 14.4、底径 11、高 9.3 厘米
现藏吴中博物馆

紫褐色胎。直口，卷缘，短颈，鼓肩，鼓腹，平底。满腹饰压印纹和菱形纹。

印纹硬陶坛

WCT304 Ⅱ：3

口径 17.6、腹径 26.8、底径 19.8、高 24.8 厘米

现藏南京博物院

红褐色胎。侈口，卷缘，短直领，弧平肩，长鼓腹，中腰以下渐收，平底。颈周有阴线弦纹，肩上端一周微向内凹，肩和腹壁压印弦纹、菱形纹及“回”字纹。

印纹硬陶坛

WCT304Ⅲ：1
口径 23.4、腹径 43、底径 22.8、高 48.5 厘米
现藏南京博物院

紫褐色胎。敞口，卷缘，弧肩，卵圆形长鼓腹，中腰以下渐收，平底。肩上部饰多道弦纹，肩下部及腹部压印麻布样纹饰。

印纹硬陶坛

WCT304 Ⅲ：3
残口径 17、腹径 27.6、底径 17.5、高 24.2 厘米
现藏南京博物院

黄褐色胎。敞口，卷缘，斜肩，长鼓腹，腹下部渐收，平底。肩上部饰弦纹，肩下部和腹部压印席纹。

印纹硬陶坛

WCT304Ⅲ：4

口径13、腹径21.7、底径17.4、高14.9厘米

现藏南京博物院

红褐色胎。敞口，卷沿，斜肩，鼓腹，平底。肩饰弦纹，腹部压印小方格纹。

印纹硬陶坛

WCT604 ：1

口径 21、腹径 39、底径 21、高 40 厘米

现藏南京博物院

紫褐色胎。敞口，侈缘，卵圆形长鼓腹，中腰以下渐收，平底。中腰以上有“回”字纹、曲折纹组成的压印纹，下腹部压印“回”字纹。

印纹硬陶罐

WCT103：9
口径 11、腹径 19.2、底径 14.7、高 11.8 厘米
现藏南京博物院

紫褐色胎。敛口，斜肩，下腹鼓，平底，肩腹间有两个对称横耳。肩腹部压印小方格纹。

印纹硬陶罐

WCT604 ：2
口径 10.8、腹径 18.3、底径 11.5、高 13.6 厘米
现藏吴中博物馆

红褐色胎。小口，短颈，束领，腹上部鼓，下弧收，平底，两侧肩腹处附双系。颈有细弦纹，腹压印曲折纹。

印纹硬陶罐

WCT604 ：5
口径 9.3、腹径 20.7、底径 15、高 15.2 厘米
现藏南京博物院

灰褐色胎。直口微敞，斜肩，鼓腹，腹下部斜收，平底，两侧肩腹间附二个对称夔形耳。口外壁及肩有点线纹、水浪纹，腹部压印曲折纹。

印纹硬陶罐

1976
口径 16、底径 15.4、高 22.1 厘米
现藏吴中博物馆

紫褐色胎。口沿外翻，尖唇，束颈，圆肩，鼓腹，下腹斜收，平底。器表满布麻布纹。

原始瓷碗

WCT103 ： 3
口径 8.9、腹径 8.4、底径 4.5、高 3.5 厘米
现藏吴中博物馆

内外壁皆施黄绿色釉。口微侈，浅腹，上腹壁直，中腰以下弧收，圆饼状足。内壁有螺旋纹。

原始瓷碗

WCT103 ： 5
口径 9.1、腹径 8.5、底径 5、高 3 厘米
现藏吴中博物馆

内外壁皆施黄绿色釉。口微侈，浅腹，上腹壁直，中腰以下弧收，圆饼状足。内壁有螺旋纹。

原始瓷碗

WCT103 ： 10
口径 8.2、腹径 7.7、底径 4.6、高 3.3 厘米
现藏吴中博物馆

内外壁施青黄色釉，底露胎。口微敞，折沿，浅腹，腹壁上直下斜收，薄圆饼状足。内底有螺旋纹。

原始瓷碗

WCT103：11
口径 8.8、腹径 8.3、底径 4、高 3.5 厘米
现藏吴中博物馆

内外壁皆施黄绿色釉。口微侈，浅腹，腹壁上部直、下弧收，圆饼状足。内底有螺旋纹。

原始瓷碗

WCT103：12
口径 8.7、腹径 8、底径 4.7、高 3.4 厘米
现藏吴中博物馆

外壁施褐黄色釉，内底施黄绿色釉，底露胎。口微侈，短折沿，直腹下部斜收，薄圆饼状足。内底有螺旋纹。

原始瓷碗

WCT201 ：8
口径 9.1、底径 4.5、高 4.5 厘米
现藏吴中博物馆

施青黄色釉，底较厚，露胎。敞口，深腹，腹壁上部斜收、下部折收，平底，子母口。腹内壁弦纹，内底满布螺旋纹。

原始瓷碗

WCT201 ：9
口径 9.6、底径 4.3、高 5.2 厘米
现藏吴中博物馆

内外壁皆施青黄色釉。敞口，深直腹，平底，子母口。腹内壁饰弦纹，内底满布螺旋纹。

原始瓷碗

WCT201 ∶ 10
口径 9.7、底径 4.8、高 4.8 厘米
现藏吴中博物馆

施青黄色釉，底露胎。口微敞，直腹斜收，圆饼状足，子母口。内底与腹内壁均满布螺旋纹。

原始瓷碗

WCT201 ∶ 12
口径 11.2、底径 4.8、高 6.3 厘米
现藏吴中博物馆

施绿黄色釉，底露胎。敞口，深腹，腹壁斜直，下部斜收，平底，子母口。底较厚，中部微凹，有螺旋纹。腹内壁饰弦纹。

原始瓷碗

WCT604 ∶ 6
口径 10、腹径 8.8、底径 5.3、高 3.5 厘米
现藏吴中博物馆

施青绿色釉。口微侈，圆唇，浅折腹弧收，腹上部近口沿处一周微内凹，圈足。

原始瓷碗

1917
口径 10.8、底径 5.4、高 5.9 厘米
现藏吴中博物馆

内外壁施土黄色釉。侈口，斜直腹，近底处遽收成平底。器内壁饰螺旋纹。

原始瓷碗

3876
口径 10.3、底径 4.5、高 5.2 厘米
现藏吴中博物馆

施青黄色釉，足露胎。敞口，深腹，腹壁斜直，下部折收，薄圆饼状足，子母口。腹内壁施弦纹，内底满布螺旋纹。

原始瓷碗

3890

口径 9.1、底径 4.5、高 2.6 厘米

现藏吴中博物馆

内外壁施釉，已剥落。敞口，浅腹，腹壁弧收，圆饼状足。唇中间内凹，并附二个对称的“S”形装饰结。

原始瓷碗

3895

口径 9.3、底径 5.1、高 3.1 厘米

现藏吴中博物馆

内外壁釉已剥落，底部露胎。口微侈，圆唇，浅折腹弧收，腹上部近口沿处一周微内凹，圈足。

原始瓷碗

3896

口径 8.9、腹径 9.3、底径 5、高 3.1 厘米

现藏吴中博物馆

内外壁施褐黄色釉，足部露胎。敛口，圆唇，浅腹，腹壁弧收，矮圈足。

原始瓷碗

3897
口径 9.8、腹径 9.6、底径 5.3、高 3.5 厘米
现藏吴中博物馆

内外壁施黄绿色釉，底露胎。口微侈，圆唇，浅折腹弧收，腹上部近口沿处一周微凹，圆饼状足。

原始瓷碗

3898
口径 9.1、底径 4、高 3.8 厘米
现藏吴中博物馆

内外壁施青绿色釉，足底露胎。口微侈，浅折腹弧收，圈足。

原始瓷碗

3899
口径 9.2、底径 4、高 3.3 厘米
现藏吴中博物馆

内外壁施青绿色釉，足部露胎。敞口，圆唇，直腹斜收，饼足内凹。制作较粗糙。

原始瓷豆

3891
口径9.5、底径6、高2.6厘米
现藏吴中博物馆

内壁和上腹施青绿色釉。浅盘，弧收腹，矮圈足。沿饰双"S"形堆纹。

原始瓷罐

WCT103（1）：7
口径9.9、腹径15、底径9、高9.6厘米
现藏吴中博物馆

施黄褐色釉，底露胎。敛口，弧肩，上腹鼓，下部渐收，平底，底中部微凹。内底满布螺旋纹。

原始瓷罐

3881
口径 10.1、最大腹径 12.6、底径 8.5、高 11 厘米
现藏吴中博物馆

施青黄色釉。敛口，腹壁上部内收，下部鼓，平底微内凹。

原始瓷杯

94WCT0406③：1
口径7.3、底径5、高6.6厘米
现藏南京博物院

通体施青黄色釉。直口，筒状腹，下腹部折至底，平底。腹内壁有数道螺旋纹。

器物索引

M90：陶杯 4、陶壶 1 / 212，213，214，248
M91：陶罐 2 / 181
M93：陶豆 1、陶壶 2、陶钵 1 / 132，249，283
M95A：陶杯 1、陶壶 1 / 214，250
M95B：玉璜 1、陶壶 1 / 072，250
M96：陶豆 1、陶壶 2 / 133，251
M97：玉璜 1、玉饰 1、陶罐 2、陶杯 1、陶壶 3、陶盆 1 / 073，080，182，183，215，252，253，282
M99：玉玦 1、陶鼎 1、陶豆 1、陶罐 2、陶壶 1、陶器盖 1 / 078，107，134，183，184，253，294
M100：玉饰 1、石钺 1、陶罐 1、陶壶 1 / 081，087，184，254
M105：玉璜 1 / 074
M106：陶罐 1 / 366
M108：陶杯 1 / 215
M110：陶壶 1 / 254
M112：玉璜 2、玉饰 1、陶壶 1 / 074，081，255
M113：石钺 1、陶罐 1、陶盆 1 / 088，184，282
M115：玉璜 1 / 075
M116：陶鼎 1 / 108
M118：陶壶 1 / 255
M119：陶壶 1 / 256
M120：陶罐 1 / 185
M121：陶鼎 1、陶罐 1 / 108，185
M124：陶釜 1 / 026
M125：陶釜 1、陶钵 1 / 027，056
M129：陶釜 1 / 028
M130：陶壶 1 / 256
M132：陶罐 1 / 186
M134：陶釜 1 / 029
M138：陶鼎 1 / 035
M141：陶豆 1 / 045
M142：陶罐 1 / 187
M144：陶豆 1 / 133
M145：陶盆 1 / 059
M147：陶钵 1 / 056
M152：玉玦 1、玉环 1、陶豆 1 / 013，018，046
M153：陶豆 1 / 135
M155：陶豆 1、陶罐 1、陶杯 1 / 136，188，216
M156：陶釜 1 / 030
M157：陶杯 1 / 053
M163：陶盆 1 / 059
M164：陶罐 2、陶杯 1 / 189，190，216
M165：陶盆 1 / 060
M166：玉饰 1、陶豆 1、陶罐 1、陶壶 1 / 082，137，190，257
M170：陶杯 1 / 217
M174：玉玦 1 / 013
M176：陶盆 1 / 060
M180：陶罐 1 / 051
M181：玉玦 1 / 013
M185：陶盆 1 / 061
M186：玉玦 1、玉坠饰 1 / 014，019
M188：陶杯 1、陶盆 1 / 054，061
M189：陶盆 1 / 062
M198（T203）：玉琮 2、小玉琮 1、玉璧 1、玉坠饰 1、玉管 1、玉镯 1、玉珠 1、石钺 1、陶鼎 4、陶双鼻壶 1、陶罐 1、陶豆 1、陶盆 2、陶器盖 1 / 300-307，312，325，326，329，332，335，352-356，367，371-374
M199：玉琮 1、玉璧 1 / 309，313
M199（T203）：玉琮 1、玉珠 1、玉料 1、陶双鼻壶 4、陶簋 1 / 308，332，334，357-360，364
M200（T203）：玉镯 1、陶双鼻壶 2 / 330，361，362
M201：陶罐 1 / 051
M203：玉饰 2、陶壶 1、陶匜 1 / 082，257，287
M318：陶鼎 1 / 036

后记

草鞋山遗址，南京博物院于1972、1973年对其进行了科学发掘，因其发现的“马家浜-崧泽-良渚”三叠层而被誉为“江南史前文化标尺”，但一直未有正式考古报告出版。2023年是草鞋山遗址发掘50周年，也是苏州地域文明探源工程开始之年，草鞋山考古报告的编辑出版再次成为重中之重的工作。为此，我们联系了原发掘单位，并拜访了当年发掘主持人汪遵国先生。据汪先生讲，他当时确实写出了报告的部分初稿，用他习惯的词汇讲，已经完成了六分之五，但后来因为各种原因，这部分稿件的底稿和复本均已遗失。大量的原始图文资料也随着时间的推移，难觅踪迹。在多次寻觅、沟通无果后，我们只好退而求其次，决定编辑一本全面收录草鞋山遗址出土文物的图录。

草鞋山遗址出土文物目前主要收藏在南京博物院、苏州博物馆、吴中博物馆和苏州市考古研究所。而各单位的藏品有的在展线上，有的在库房；因库房搬迁，苏州博物馆部分藏品还在准备运输的过程中。再加之新冠疫情的干扰，各种困难超乎想象。即便如此，各收藏单位一致表示大力支持这项工作，并迅速做出回应，安排了专业人员。在不足一年的时间里，要出版一本收录文物近600件，且分藏在四家单位的大型图录，没有各单位领导的高度重视和全力支持，没有各单位精兵强将的通力配合，绝无可能。因此我们要感谢他们辛勤的付出，这些幕后英雄的名字是：

南京博物院：王奇志、盛之翰、张长东、王磊、吴彤

苏州博物馆：谢晓婷、钱莺歌、姚晨辰

吴中博物馆：陈曾路、陈小玲、龚依冰

苏州市考古研究所：王霞、程义、孙明利、丁金龙、钱海江

在本书编写过程中，苏州市考古研究所程义所长负责沟通，并设计全书体例；孙明利副所长承担了大量的联系工作，并撰写了前言；王霞副研究员实际承担本书各种事务性工作。苏州行者无疆摄影工作室刘振摄影师以随叫随到的服务态度，补拍了部分照片，为本书顺利出版节省了宝贵的时间。为保证本书能在2023年6月28日纪念草鞋山遗址发掘50周年大会上和各位专家学者见面，我们特邀请文物出版社

黄曲编审担任本书的责任编辑。正是因为她专业而高效的编辑工作，才使这一难以想象的艰巨任务得以顺利完成。常州博物馆雷倩萍、肖宇提供了苏秉琦先生手书“苏州草鞋山遗址”图片，我们将其作为扉页书名题签，也为本书增色不少。

草鞋山遗址所在的苏州工业园区对草鞋山遗址的保护、发掘和科学研究给予了大力的支持，在此也表示衷心的感谢！

因成书时间仓促，肯定存在很多问题和瑕疵，但大家都尽力了，我们问心无愧。考古本身就是如此，不如意者十之八九！我们期待草鞋山遗址有更加精彩的发现和研究成果涌现！

程义

2023 年 4 月于苏州文起堂

《苏州地域文明探源丛书》凡例

1. 《苏州地域文明探源丛书》（以下简称“丛书”）旨在全面系统整理出版苏州地域文明探源成果，增强苏州地域文明探源研究的理论厚度、学术深度和交叉广度，弘扬中华优秀传统文化，坚定文化自信自强。

2. 丛书所涉文明探源地域范围依据苏州市现有行政区划，包含苏州市各区及张家港市、常熟市、太仓市、昆山市。

3. 丛书分为研究专著、资料汇编、文物图录、发掘报告等类型。四种类型的图书按照内容类别分别统一设计样式，按出版先后顺序编为丛书。丛书封面装帧设计分别使用四个颜色区分。

4. 丛书内容包括但不限于“史前文明发展历程”“吴文化探源”“苏州古城研究”“苏州地域人口变迁与文化交流”等主题。

5. 丛书以现代语体文表述，要求文风严谨、朴实简洁，特别要求内容表述准确清楚，行文流畅，可读性强，对晦涩难懂的古文、古汉语要尽量转化为通俗易懂的现代汉语文字。

6. 丛书中的文字、标点、专有名词、术语、时间、数字、计量单位、注释、引文、图照、表格等严格按照编辑规范，并使用精确。

7. 丛书统一采用公元纪年法，年份使用阿拉伯数字，以朝代纪年的必须括注公元纪年，括注的公元纪年不加“年”字，如“康熙八年（1669）”。

8. 丛书中的注释必须符合学术规范，引文必须注明出处，要素齐全，一律采用当页页下脚注，顺序编号采用注码①、②、③……，每页单排，不编通码。

9. 丛书结构层次的序号顺序为：第一层是一、二、三，第二层是（一）（二）（三），第三层是1、2、3，第四层是（1）（2）（3），第五层是①②③。阿拉伯数字后用黑圆点，汉字数字后用顿号。

10. 丛书整体规划、分步推进，配合苏州地域文明探源工程的进展，不定期出版。

11. 丛书的编纂具有开放性，外地学者和机构所著与苏州地域文明探源相关的研究成果，可酌情收入。